KB038877

크라우드 소싱

이 도서의 국립중앙도서관 출판예정도서목록(CIP)은 서지정보유통지원시스템 홈페이지 (http://seoji.nl.go.kr)와 국가자료공동목록시스템(http://www.nl.go.kr/kolisnet)에서 이용하실 수 있습니다. CIP제어번호: CIP2018014489(양장), CIP2018014490(반양장)

크라우드소싱
Crowdsourcing

대런 브래범Daren C. Brabham 지음

이경호 옮김

차례

옮긴이의 글 _ 7

들어가며 _ 9

1 크라우드소싱의 개념, 이론, 사례 ·································· 23

2 크라우드소싱 정리 ····································· 67

3 크라우드소싱에서의 이슈들 ····························· 87

4 크라우드소싱의 미래 ····································· 129

용어 해설 _ 147

참고문헌 _ 149

더 읽을거리 _ 155

옮긴이의 글

'백지장도 맞들면 낫다'는 생각은 오래전부터 존재했다. 기술과 과학이 발전하지 않았던 시대에도 협업은 필요한 것이었고, 이를 바탕으로 사회의 제도와 문화가 형성된 흔적을 발견할 수 있다. 21세기 들어 기하급수적으로 빨라진 통신 속도와 상당히 절감된 통신 비용은 협업의 형태에 새로운 변화를 예고했다. 정보의 유통이 광속으로 이루어지는 가운데, 누구라도 클라우드 서비스를 이용해 인공지능을 구현할 수 있지만, 넘쳐나는 정보를 처리하는 인간의 지적 소화 능력은 제한적이기 때문이다.

크라우드소싱은 웹 2.0과 맥락을 같이하는 인터넷과 사이버공간의 변화를 상징하는 이 시대의 새로운 키워드이다. 행정부와 국회 등이 공공 영역에서 군중과 소통하며 군중이 입력한 정보와 지식을 바탕으로 정책을 펼치기도 하고, 기업이 정보통신기술을 활용해 군중의 아이디어로 금융, 상거래, 제조, 유통 서비스를 운영하기도 한다.

크라우드소싱이 우리 생활에서 차지하는 비중이 늘어나고 있지만, 그동안 크라우드소싱 행위·문화·서비스를 학문적 관점에서 해석할 기회는 거의 없었다. 이 책의 번역은 이러한 배경에서 미래 사회에 대한 공부모임인 기술사회연구회의 권유로 시작되었다.

이 책은 크라우드소싱에 대해 우리 주변에서 논의되는 거의 대부분의 키워드와 이슈를 언급하고 있어서 가볍게 읽으면서 현황과 틀을 익히기 좋은 형태로 구성되었다.

크라우드소싱 개념을 응용해 사업을 하거나 공공 서비스를 기획하려고 하는 이들에게 참고가 될 수 있으며, 인터넷과 사이버공간을 이해하는 입문서의 하나로 활용될 수 있을 것이다. 이 작은 노력이 복잡하고 다양한 변화가 급격하게 일어나는 작금의 초광속 사회에서 방향과 전략을 마련하는 데 일조할 수 있다면 온전히 옮긴이의 보람이 될 것이다. 번역의 불비함과 오류는 모두 옮긴이에게 있으니 이러한 불완전도 크라우드소싱으로 해결되기를 기대해본다.

2018년 5월

이경호

들어가며

2005년 초, 유타 대학교에서 석사 과정을 하고 있을 때, 한 친구가 스레드리스Threadless 티셔츠에 대해 알려줬다. 필자는 그 티셔츠의 굉장한 팬이 되었고 많은 양의 티셔츠를 구매했다. 옷장 대부분은 스레드리스 티셔츠로 채워졌고 이 티셔츠 사업이 이루어지는 방식에도 매력을 느꼈다. 온라인 커뮤니티의 멤버로서 원하는 디자인을 직접 제안할 수 있었고, (비록 직접 해보지는 않았지만) 갤러리에 올라온 디자인 중 마음에 드는 디자인에 투표도 할 수 있었으며, 사이트 내에서 벌어지는 활발한 토론에도 참여할 수 있었다.

솔트레이크시티에 있는 친구들이 종종 티셔츠에 관해 물어보면 그 사이트의 모든 것에 대해 열정적으로 설명했다. 곧 친구들 역시 스레드리스 티셔츠를 대량으로 구매했다. 마치 전도사가 된 것 같은 느낌이 들었다. 필자가 스레드리스를 추천하기 전 이미 이 회사에 대해 들어본 적 있는 사람을 솔트레이

크시티에서는 만나지 못했다.

2006년 6월초 어느 늦은 밤, 혹시 누가 유타주에 있는 매체에 스레드리스에 관한 기사를 쓰지 않았는지 알아보기 위해 '스레드리스 유타'를 검색해보았다. 검색 결과, 가장 상위에 스레드리스를 두드러지게 다룬 ≪와이어드Wired≫의 기사가 있었다. 이 기사에서 제프 하우Jeff Howe는 스레드리스의 사업 구조를 크라우드소싱crowdsourcing이라고 명명했다. 하우의 기사를 통해 스레드리스의 운영 방식을 표현할 수 있는 단어를 알게 되었고, 이와 유사한 방식으로 운영하는 다른 회사들도 확인할 수 있었다.

비판적 문화 연구를 중심으로 석사학위를 취득한 후 이 천재적인 사업 모델이 사회 정의나 민주적인 참여, 환경 운동 분야 등 다른 영역에서 사용될 수는 없을지 궁금해지기 시작했다. 몇 달 후 박사 연구를 막 시작하려고 할 때 필자보다 요소 간의 연결 짓기를 더 잘하던 여자 친구 애니Annie는 공익을 위해서라도 크라우드소싱이 필자의 박사학위 연구의 중심이 되어야 한다고 말했다.

박사 연구 기간 내내 크라우드소싱이 작동하는 법에 대해 공부했고 공익을 위한 문제 해결 모델로서 크라우드소싱이 어떻게 사용되어야 하는지에 대한 논거를 다듬었다. 토머스 샌체즈Thomas W. Sanchez의 관대한 지도와 연방교통청으로부터 막

대한 지원을 받아 교통 체계 계획을 위한 대중 참여 프로그램에 크라우드소싱을 시험해보는 것으로 연구는 막을 내렸다. 그 이후로 줄곧 크라우드소싱에 초점을 맞춘 연구 활동과 컨설팅 업무를 진행하며 이를 즐기고 있다.

연구를 진행하면서, 크라우드소싱이라는 용어가 문제 해결에 대한 논의에 스며들어가는 것을 보았다. 사람들은 크라우드소싱을 정복했다고 생각하며 크라우드소싱의 영역을 표시했지만, 극히 일부만이 실증적인 데이터와 엄격한 표준으로 크라우드소싱을 범주화해 자신의 주장을 뒷받침한다. 크라우드소싱은 다양한 학문의 영역 안에서 발전하고 있으므로 크라우드소싱에 대한 실증적 연구는 잘 정립되어 있지 않다. 정립되지 않은 학문적인 논쟁들이 대중매체와 뒤섞이며 크라우드소싱이라는 용어가 왜곡된다면, 불안정한 이론을 바탕으로 크라우드소싱이 활용되는 결과를 초래할 것이다.

이 책은 크라우드소싱에 대한 방대하고 종잡을 수 없는 논의들을 함축적으로 정리해 이해하기 쉬운 형태로 만들어보려는 시도이다. 이 책이 미래의 연구나 활용을 위한 발판이 되기를 바람과 동시에 크라우드소싱의 전망에 대해 공부하기 시작한 사람들에게 입문서로 활용될 수 있기를 바란다.

소개

'웹 2.0' 시대에 도출된 것 중 가장 주목할 만한 것은 웹 2.0 시대에 개발된 도구들이 아니라, 새로운 미디어 기술이 사람과 조직 간의 관계 및 사람과 사람 간의 관계를 재설계한 방법이다. 인터넷은 오랫동안 참여문화Participatory Culture가 번성하도록 해준 공간으로만 존재했다. 하지만 2000년대 초, 처음으로 일부 조직에서 사업 목표를 달성하고, 대중의 정치 참여를 증가시키고, 제품을 설계하고, 문제를 해결하는 수단으로 인터넷 커뮤니티의 집단지성Collective Intelligence을 활용하는 방법에 관심을 보였다. 기업, 비영리단체, 정부 기관은 온라인 커뮤니티의 창조적인 에너지를 주기적으로 일상 업무에 적용하려 했으며 많은 조직이 이러한 방식을 바탕으로 설립되었다. 이렇게 개방적·창조적인 상향식bottom-up(의사결정 과정에서 하급자나 하부조직이 주도적으로 참여하도록 만들고 이 결과를 상급자나 상부조직이 반영하는 방식 ― 옮긴이) 과정을 하향식top-down(상급자나 상부조직이 의사결정을 주도하고 하급자나 하부조직이 이를 수용하고 반영하도록 하는 방식 ― 옮긴이)인 조직의 목표와 섞는 방식을 크라우드소싱이라고 한다.

온라인 커뮤니티가 천재성을 발휘하고, 혁신을 일으킬 수 있는 근원이 되면서, 최근 몇 년간 크라우드소싱이 어떤 방법으로 작동되고 왜 유행하는지에 대한 학문적인 연구가 큰 인기를 얻었다. 크라우드소싱에 대한 실증적 연구의 발전에도 불구하고 언론인들이나 학자들은 연구에서 밝혀진 중요한 결과들을 활용하지 않은 채 크라우드소싱에 대한 저술 활동을 이어가고 있다. 이러한 현상이 일어나는 것은 크라우드소싱의 다양한 정의와 해석, 크라우드소싱이 갖고 있는 다학제적인 성격interdisciplinary nature 때문이다. 크라우드소싱을 실증적으로 연구하는 학자들이 습득한 사실에 접근하는 것은 쉽지 않다. 따라서 이 책은 이러한 다양하고 광범위한 연구들을 하나로 정리해 크라우드소싱에 대한 일관성 있고 논리 정연한 식견을 제시하고자 한다. 크라우드소싱의 탄탄한 개념적 토대 정립을 바탕으로 크라우드소싱 적용 방안 및 연구 방향이 세계의 가장 시급한 문제들을 해결하고, 기업 혁신을 가속하고, 민주적인 참여를 강화할 수 있는 방향으로 진행되길 바란다.

탄생과 몸부림

≪와이어드≫ 2006년 6월호에서 제프 하우는 그의 기사 "크라우드소싱의 성장The Rise of Crowdsourcing"에서 크라우드소싱이라는 용어를 처음으로 사용했다. 또한 비슷한 시기에 '크라우

드소싱: 아마추어의 성장에 대한 탐색Crowdsourcing: Tracking the Rise of the Amateur'이라는 연관 블로그도 개설했다. 제프 하우는 2004년에 발간된 제임스 서로위키James Surowiecki의 책인 『대중의 지혜Wisdom of Crowds』와 다른 작품들에서 영감을 받아 그의 기사와 초기 블로그 게시물에 새로운 조직의 형태를 묘사했다. 기업들은 해당 업무를 수행해본 적이 있는 직원들에게 일을 맡기거나 온라인 커뮤니티에 공개적으로 외주를 발주하는 형태를 취한다. 크라우드소싱은 포트마토portmanteau(양쪽으로 열리는 대형 여행 가방 — 옮긴이)라는 표현에 가장 적합하게 아웃소싱과 온라인 노동자라는 두 가지 개념을 융합해 모든 의미를 내포하는 완전히 새로운 단어이다. 제프 하우는 기사와 블로그에서 몇 가지 사례들을 가지고 크라우드소싱 현상을 묘사했다. 스레드리스Threadless.com, 이노센티브InnoCentive.com, 아마존의 메커니컬 터크Mechanical Turk, 아이스톡포토iStockphoto.com 이 네 가지 사례들은 크라우드소싱 주제에 대한 연구를 진행할 때 크라우드소싱 모델을 설명하는 초기 모델로 활용되었다.

≪와이어드≫와 같은 잡지에 등장한 수많은 새로운 용어들처럼 크라우드소싱이라는 말은 급속도로 퍼져나갔고 며칠도 되지 않아 광범위하게 사용되었다. 제프 하우는 크라우드소싱을 구글에 검색해본 결과, 세 건에 불과하던 크라우드소싱 관련 발표 예정 논문이, 일주일 후에는 18만 개로 늘었다고 블

로그에 기재했다. 2013년 기준, 구글 스칼라 검색에서만 1만 6000개 이상의 결과가 검색되었는데, 이는 크라우드소싱이라는 단어가 등장한 지 단 6년 만에 이 주제에 대한 학술적 연구가 급증했다는 것을 보여준다.

크라우드소싱이라는 용어는 유명 언론과 블로거들에 의해 빠른 속도로 차용되었다. 그러던 도중 갑작스럽게 위키피디아Wikipedia, 유튜브Youtube, 플리커Flickr, 세컨드 라이프Second Life, 오픈소스 소프트웨어, 블로그와 같이 구조적으로 크라우드소싱과 아무런 연관성이 없는 새로운 매체들이 크라우드소싱이라 불리게 되었다. 1700년대의 알칼리 상Alkali Prize과 1800년대의 옥스퍼드 영어 사전과 같은 역사적인 사례들과 듀모크라시DEWmocracy 또는 엠앤엠즈M&Ms의 새로운 색을 채택하기 위한 마스Mars사의 공모 마케팅 전략들이 모두 크라우드소싱이라는 용어와 합쳐졌다. 곧 사람이 많은 그룹에서 무슨 일을 하기만 하면 무엇이든 크라우드소싱이라 불리게 되었다. ≪포브스Forbes≫, ≪비즈니스위크BusinessWeek≫를 비롯한 매체와 소셜 미디어 전문가들은 잘못된 정보를 퍼트리면서 크라우드소싱이 무엇인지에 대한 정확한 판단을 흐리게 만들었다.

무엇이 크라우드소싱이며 무엇이 아닌가

이 책의 목적에 따라 크라우드소싱을 '특정 조직의 목표 수행을 위한 수단으로서 온라인 커뮤니티의 집단지성을 활용하는 분산된 문제 해결 기법과 생산 모델'로 정의한다. 군중 crowds이라고 불리는 온라인 커뮤니티에는 조직organization에서 주최한 크라우드소싱 활동에 참여할 수 있는 기회가 주어지며, 조직은 군중의 참여를 끌어내기 위해 여러 가지 동기부여를 한다. 많은 이들이 그들의 목적에 맞게 이러한 구분을 흐리게 만들어 '크라우드소싱'이라는 하나의 틀로 정의할지라도, 이 정의는 크라우드소싱에 대한 주제와 크라우드소싱으로부터 파생된 개념들을 실증적으로 연구하는 데 도움을 준다.

제프 하우의 ≪와이어드≫ 기사 원문에 거론된 스레드리스는 크라우드소싱의 대표적인 예로 잘 알려져 왔다. 스레드리스는 자신들의 온라인 사이트Threadless.com를 통해 주로 실크스크린 기법의 그래픽 티셔츠를 판매하는 의류 회사다. 스레드리스 티셔츠는 포토샵 또는 일러스트레이터의 템플릿을 스레드리스 사이트에서 내려받아 직접 티셔츠를 디자인하는 스레드리스 온라인 커뮤니티 멤버들의 아이디어로 제작된다. 커뮤니티의 멤버들은 자신이 만든 디자인을 스레드리스 갤러리에 올리며, 나머지 커뮤니티 구성원들은 갤러리에 올라온 디자인을 0점부터 5점까지 점수로 평가한다. 일주일 동안 디자인이 갤러리에서 평가된 후, 최고점을 받은 디자인들은 시카고에 있는 스레드리스 본사에 넘겨져 티셔츠로 제작되고, 사이트 내의 전자상거래를 통해 커뮤니티에 다시 판매된다. 우승을 차지한 디자이너는 현금 2000달러와 500달러 상당의 스레드리스 상품권을 받게 된다. 스레드리스에게 크라우드소싱은 고수익, 저위험 방식이다. 스레드리스는 군중으로부터 제품에 대한 제안을 끌어내며, 그 과정에서 시장 조사 활동도 동반하게 된다. 소비자의 수요가 있다는 정보가 없다면 판매할 티셔츠를 절대 생산하지 않는다.

크라우드소싱은 그래픽 디자인 작업에만 한정되지 않는다. 크라우드소싱을 활용한 또 다른 예인 이노센티브InnoCentive는 기업들이 어려운 과학 연구나 개발 과제를 온라인에 올릴 수 있도록 해 해결책을 제시하면 포상금을 줄 수 있게 했다. 이노센티브의 온라인 커뮤니티 멤버들이 과학적 난제들에 대한 해답을 제시하면 기업들은 빠르고 저렴하게 사내 과학자들이 고군분투해야 얻을 수 있는 값진 혜안을 얻는다. 아마존의 메커니컬 터크 서비스도 조직들이 번역, 설문 조사 응답, 정보 수집과 그 외에 컴퓨터보다 사람에게 적합한 일들을 온라인 커뮤니티의 인력을 이용해 싸고 효율적으로 처리할 수 있도록 한다.

크라우드소싱에서 창의적인 제품이나 아이디어를 생산하는 일에 대한 통제점locus of control은 조직과 대중public 사이에 있다. 이것은 또 상향식 공유 과정, 군중에 의한 열린 창작 과정, 조직에 전략적 이윤을 제공하는 하향식 관리 과정에 존재한다. 이렇게 조직과 대중 사이에서 이루어지는 힘의 공유는 크라우드소싱을 다른 유사한 창조적인 과정과 구분 지어준다. 스레드리스에서는 몇 가지 공모 규칙과 요건 아래, 군중의 개방적인 창조 과정을 통해 옷이 디자인되고 생산되는데, 이는 우승한 디자이너들에게 보상을 주는 동시에 스레드리스에도 이익을 준다. 어려운 과학적 도전 과제들에 대한 해답을 찾는 이노센티브의 공모 과정은 이노센티브에서 제공하는 구체적인 규칙과 파라미터solution parameter, 그리고 도전 과제를 제시하는 기업이 추구하는 전략적인 관심이 결합해 진행된다. 메커니컬 터크의 경우, 조직에서 관리하는 공개된 과제를 노동자가 수행할 수 있게 하면서, 노동자에게 적은 임금을 주면서도 조직의 요구를 충족시킬 수 있도록 해준다.

필자가 내린 정의에 따르면 위키피디아와 오픈소스 소프트웨어 프로젝트는 엄밀한 의미에서 크라우드소싱이 아니다. 그 이유는 공공재commons가 상향식으로 구성되고 생산되며, 통제점이 커뮤니티에 있기 때문이다. 이러한 정의에 비춰봤을 때, 새로운 음료의 맛이나 사탕의 색깔을 채택하기 위해 소비자에게 간단한 투표를 권유하는 마케팅 방식도 크라우드소싱이라 간주하기 어렵다. 이 경우 통제점이 주로 조직 내에 있으며, 커뮤니티의 능력과 노동력을 최소한으로 활용했기 때문이다. 이 책을 통해 비록 크라우드소싱의 근본적인 개념이 수 세기 동안 존재해왔지만, 우리가 익히 알고 있는 크라우드소싱과 크라우드소싱의 결실로 누리는 것들은 1990년대 후반의 광범위한 인터넷 사용과 2000년대의 고속 인터넷과 함께 온라인 참여문화가 생긴 이후에 실제로 가능하게 되었다고 주장하고자 한다.

책의 구성

이 책은 네 개의 분야로 구성되어 있다. 1장에서는 무엇이 크라우드소싱이고 무엇이 크라우드소싱이 아닌지에 대해 정의하며 온라인 커뮤니티나 대중이 참여했지만 크라우드소싱의 요구 사항들을 만족하지 못한 몇 가지 온라인 사례를 들여다본다. 크라우드소싱을 구성하고 있는 개념들과 이론들에 대한 검토가 이어진다. 집단지성, 대중의 지혜, 문제 해결과 혁신, 참여문화에 대해 논의하고 가장 잘 알려진 일부 크라우드소싱 사례를 분석한다. 이 장에서는 소규모 후원과 분산된 모금 활동을 통해 시장에 제품을 출시하는 방법인 크라우드펀딩Crowdfunding을 향한 커져가는 관심과 관련된 논의도 함께 다룬다. 크라우드펀딩과 크라우드소싱은 많은 공통점을 가지고 있다. 그러나 독립적인 개념으로 크라우드펀딩을 바라볼 때 크라우드펀딩을 가장 잘 이해할 수 있다고 생각한다.

2장에서는 크라우드소싱의 다양한 사례를 네 가지 주된 유형으로 분류해 크라우드소싱이 다양한 목적을 위한 문제 해결 모델이라는 것을 이해할 수 있게 한다. 이 장의 나머지 부분에서는 크라우드소싱에 초점을 맞춘 컴퓨터 분야에서의 기술, 크라우드소싱의 성과에 초점을 맞춘 경영 분야에서의 연구, 군중과 그들의 동기부여에 대한 사회과학 분야에서의 연구, 그 외에 많은 전문 분야에서 이루어진 크라우드소싱에 대한 이론적 연구와 사례를 바탕으로 한 연구 등 여러 분야의 관점에서 크라우드소싱 연구의 개략적인 부분을 다룬다.

3장에서는 학문적인 관심에 집중해 크라우드소싱 관련 실무자들이 직면한 크라우드소싱의 주요 사안에 대해 조사한다. 여기에는 크라우드소싱에 참여하는 대중의 동기나, 인구학적으로 또 전문적으로 어떤 사람들이 실제로 크라우드소싱 활용에 참여하는지에 대한 오해가 포함된다. 이 장에서는 크라우드소싱의 효율성과 부정한 방법으로 대중의 노동이 착취당하는 것은 아닌지에 대한 의문에 중점을 둔 법적·윤리적 이슈들도 함께 다룬다.

마지막 장에서는 크라우드소싱 분야의 실질적인 활용과 미래 연구 방향을 포함한 크라우드소싱이 직면한 미래에 관해 이야기한다. 미래의 실질적 활용으로는 언론에서의 크라우드소싱 활용과 정부 정책에 대중이 참여하는 것과 크라우드소싱을 사용하는 모바일 기술의 역할이 포함된다. 미래에 진행될 연구의 의제들에서는 효과적인 온라인 커뮤니티 관리에 대한 연구와 대규모 데이터 분석에 크라우드소싱을 활용하는 방안, 지금까지 지속해서 초점을 맞춘 연구 동기와 성과에 대해 주목할 것이다.

1

크라우드소싱의
개념, 이론, 사례

❖

나의 형제 토머스가 와서 얘기했어. 백지장도 맞들면 낫다고. 그의 의견
을 받아들이도록 하자, 내 사랑.

— 새뮤얼 푸트Samuel Foote, 『대부호The Nabob』

크라우드소싱은 협동, 집성, 팀워크, 합의, 창조성에 대한
이야기이다. 이것은 필요한 요건들이 충족되었을 때 여러 명
의 사람이 함께 전문가 개개인을 능가할 수 있고, 외부인이 내
부 문제에 대한 새로운 관점을 제시할 수 있으며, 지리적으로
멀리 떨어진 사람들이 함께 협동해 대부분이 동의할 수 있는
정책이나 디자인을 제시할 수 있는 하나의 새로운 업무 방식
이자 현상이다. 이 장에서는 크라우드소싱이 어떻게 그리고
왜 행해지는지, 크라우드소싱으로 가장 잘 알려진 사례는 무
엇인지, 어떻게 크라우드펀딩이 크라우드소싱에 적합하게 들
어맞게 되는지 그 특이한 현상을 알아보고자 한다.

경계 설정

2008년에 이르러 크라우드소싱을 정의하기 위한 최초의 학문적 시도가 학술지에 발표되기 시작했다. 이러한 학문적 정의는 참여자나 참여 이유, 다양한 사례에서 활용되는 도구, 여러 사례에서 사용되는 공통의 조직적 특징 또는 복잡성의 정도나 사용자의 참여도에 따라 크라우드소싱을 상이하게 설명했다. 크라우드소싱을 이해하려는 시도는 현상의 경쟁적 정의를 이끌었고, 무엇을 크라우드소싱에 포함시키고 무엇을 제외할지에 대한 각기 다른 해석으로 이어졌다.

2012년 3월 발행된 ≪정보과학저널Journal of Information Science≫에는 아롤라스Estellé-Arolas와 게바라Fernando Gonzáez-Ladró-de-Guevara가 크라우드소싱과 관련된 학술 문헌을 조사한 내용이 실려 있다. 이들은 크라우드소싱에 관한 40여 개의 서로 다른 정의를 발견했다. 일부 학자들은 자신들의 연구에서조차 상충하는 정의를 사용하고 있었다. 아롤라스와 게바라는 다양한 정의들을 체계적으로 분석하고 검증한 끝에 크라우드소싱에 대한 다음과 같은 포괄적인 정의를 생각해냈다.

크라우드소싱은 개인, 기관, 비영리단체 또는 기업이 공개 모집을 통해 다양한 지식, 이질성, 숫자를 가진 개인들로 구성된 그룹에 자발적 과업 수행을 제안하는 참여 지향적 온라인 활동이다. 다양한 복잡도complexity와 모듈성modularity을 지닌 과업 수행에서, 군중은 그들의 작업, 돈, 지식, 경험을 자발적으로 제공하는 데 참여해야 하며, 이것은 항상 서로에게 이익을 주어야한다. 크라우드소싱을 통해 사용자는 경제적·사회적 인식, 자존감, 개인적 기술 발전에 대한 만족감을 얻게 되며, 크라우드소서crowdsourcer(크라우드소싱을 운영하는 조직 ― 옮긴이)는 사용자가 업체에 가져다준 이점을 얻고 이를 활용한다. 사용자의 형태는 과업의 유형에 따라 달라진다.

이 정의는 장황하지만 완벽하다. 크라우드소싱이라는 주제에 대해 논문을 게재한 수많은 학자에 따르면 크라우드소싱의 핵심 구성 요소는 다음과 같다.

1. 수행해야 하는 과업을 가지고 있는 조직
2. 자발적으로 과업을 수행하고자 하는 커뮤니티(군중)
3. 작업을 수행할 수 있고, 커뮤니티가 조직과 상호작용할 수 있도록 하는 온라인 환경
4. 조직과 커뮤니티를 위한 상호 이익

서로에게 이익을 주기 위해서는 크라우드소싱에서의 제품

과 아이디어 생산 통제점이 조직과 커뮤니티 사이의 공유된 공간에 존재해야 한다. 이는 하향식의 장점인 전통적인 관리 방식과 상향식의 장점인 열린 창조 생산 방식의 장점을 극대화할 수 있다. 통제점이 조직에 치우쳐 있다면 마케팅 공모 '새로운 맛을 선정하라choose the next flavor'처럼 군중이 조직의 전체적인 목표에 끌려다니게 된다. 이러한 상황에서는 조직이 더 많은 이익을 취할 수 있게 되며, 군중을 홍보 목적으로만 필요로 하게 된다. 반대로 위키피디아 또는 오픈소스 소프트웨어 프로젝트와 같이 통제점이 커뮤니티에 치우쳐 있다면, 군중 내에서 자체적으로 관리가 이루어지게 되고 군중이 전략적 목표를 제공한다. 이러한 상황에서 조직은 그저 군중의 일에 부수적인 것이 된다. 이러면 이익이 군중에 치우치게 되는데, 이와 같은 상황에서 존재하는 조직이 있다면 그 조직은 군중이 공동 자원을 구축하는 플랫폼에 그친다. 군중과 조직이 함께 창조해내려는 노력 없이는 서로에게 유익한 결과를 보장할 수 없으므로 크라우드소싱에서 상호작용은 결정적인 역할을 한다. 이때 크라우드소싱이 아닌 경우를 이해하는 것이 중요한데, 항목별로 이러한 몇 가지 개념들을 살펴보자.

크라우드소싱인 듯하지만, 크라우드소싱이 아닌 것

오픈소스

크라우드소싱은 오픈소스 생산과는 다르다. 오픈소스 생산은 자체적으로 운영되는 커뮤니티로서 자신들만의 형식이나 조건으로 공동 자원을 생산하기 위해 개인들이 협업하는 방식을 말한다. 개개인이 공동 자원을 개선하면 개선된 자원이 다시 공동 자원으로 기꺼이 환원된다. 모질라 파이어폭스Mozilla Firefox 웹브라우저 같은 오픈소스 소프트웨어가 이러한 방식의 예이다. 파이어폭스 브라우저에 버그나 보안 문제가 발생하거나 새로운 기능들이 필요하게 되면 파이어폭스 커뮤니티에 있는 개개인이 자발적으로 플러그인, 확장 프로그램, 새로운 버전의 브라우저를 개발한다. 개발 작업을 완료하면 새로운 파이어폭스 코드를 공용 웹사이트에 공개하며 개선된 버전의 제품은 무료로 사용할 수 있게 된다. 파이어폭스 커뮤니티는 다른 오픈소스 커뮤니티와 마찬가지로 자체적으로 운영되며 커뮤니티에는 규범과 규칙, 제품 버전 관리를 위한 모범 사례가 존재한다.

그렇다면 오픈소스 커뮤니티를 왜 크라우드소싱으로 간주하지 않을까? 오픈소스 제품의 경우 이를 만드는 과정에서 하향식 관리가 이루어지지 않기 때문이다. 원칙적으로 오픈소스 프로젝트는 공동의 목표를 달성하기 위해 개개인으로 조직된 프로그래머들이 협업하는 상향식 프로세스로 처리되어야 한다. 실제로 대형 오픈소스 프로젝트들은 더욱더 계층적인 하향식 관리 프로세스를 적용하기 시작했지만, 오픈소스 생산의 일상적인 작업은 커뮤니티에 의해 운영되기 때문에 프로젝트나 프로젝트 후원자가 반드시 필요하지는 않다. 개념상 오픈소스 생산은 조직이 제품의 디자인을 규정해버리고 디자인을 실제로 만드는 일을 계약자나 직원에게 지시하는 기존의 '닫힌closed' 생산 방식에서 출발한다. 오픈소스 생산 공정이나 설계는 직원이 담당한다. 창의적 제품과 아이디어 생산에 대한 전통적·계층적·관리적 절차의 통제점은 조직 내부에 있지만, 오픈소스 생산의 통제점은 조직 외부(혹은 존재하지 않는) 노동자에게 있다.

공공재 기반 피어 생산

크라우드소싱은 법학자 요하이 벤클러Yochai Benkler가 이야기한 공공재 기반 피어 생산common-based peer production이 아니다. 공공재 기반 피어 생산의 가장 유명한 사례로는 온라인 백과사전 위키피디아가 있다. 오픈소스 생산과 비슷한 이유로 백과사전의 글을 작성하거나 그 글에 어떤 내용을 포함해야 한다는 하향식 지시가 없으므로 위키피디아를 크라우드소싱으로 간주하지 않는다. 위키피디아의 성장은 오직 노동력과 지식을 제공해주는 위키피디아 편집자들의 커뮤니티에 의해 이루어졌다. 위키피디아는 개개인이 사용할 수 있는 샌드박스 sandbox를 제공한다. 이것은 백과사전에 기여하고자 하는 사람을 위해 간단한 마크업 언어markup language로 이루어진 위키를 제공한다. 위키피디아는 도구 역할만 할 뿐 사이트에서의 지식 생산을 유도하지 않는다. 지식 생산은 상향식으로 커뮤니티에서 이뤄지고 관리된다. 제품이나 아이디어의 창의적 생산에 대한 통제점은 위키피디아 조직이 아닌 위키피디아 작성자들 사이에 존재한다.

시장 조사와 브랜드 참여

크라우드소싱은 간단한 투표나 시장 조사 캠페인과는 다르다. 간단히 자신의 의견을 표현하거나 캐스팅보트를 하는 사람들은 크라우드소싱에 참여하는 것이라 볼 수 없다. 마운틴 듀 음료의 새로운 맛을 선택하는 펩시의 듀모크라시 캠페인을 예로 들 수 있다. 펩시는 제한된 몇 가지 맛들을 고객들에게 선보였고, 가장 많은 표를 얻은 것이 새로운 맛으로 채택되었다. 선택지를 별로 주지 않고 고객들에게 가장 좋아하는 것에 투표하게 하는 이러한 종류의 마케팅 캠페인은 포커스 그룹 인터뷰이나 시음회를 하는 기존의 전통적인 시장 조사 활동과 유사하다. 유일한 차이점이 있다면 오늘날에는 이러한 활동들이 인터넷 조사로 인해 대규모로 진행된다는 것이다.

오픈소스 및 피어 생산과 비교했을 때, 이러한 마케팅 활동은 하향식 통제가 너무 많이 이루어지고, 상향식으로 이루어지는 창조성이 부족하므로 크라우드소싱이라 할 수 없다. 조직이 사람들의 의견을 받을 때 가능한 선택지를 한정시키고 사람들에게 허용된 답변만을 구하는 것은 단순한 순위 평가나 투표이다. 처음 구상 단계부터 맛을 찾기 위해 군중에게 의견을 물어보고, 최고의 맛을 고르기 위해 군중을 활용한다면 그것은 크라우드소싱이라 할 수 있다. 하지만 간단한 투표나 평가 방법은 기업이 군중에게 창의성이나 선택 권한을 최소한만 제공하는 것이기 때문에 결과적으로 어떠한 크라우드소싱도 발생하지 않는다. 이러한 상황에서는 창조적 제품과 아이디어를 생산하는 일에 대한 통제점이 소비자가 아닌 조직에 존재한다.

크라우드소싱은 오래된 것이 아니다

크라우드소싱은 오래된 술을 새 병에 담는 것과 같이, 오래된 개념을 새로운 단어로 정의한 것이 아니다. 많은 언론인과 블로거들은 크라우드소싱을 수십 년 혹은 수 세기에 걸쳐 일어난 오래된 오프라인상의 공동 협력 과정과 같은 것인 양 표현한다. 일각에서는 1800년도에 있었던 옥스퍼드 영어 사전 편찬이 크라우드소싱의 초기 사례라고 주장한다. 주최 측은 사전에 색인을 달기 위해 공모를 진행했고, 사람들이 영어 단어와 그 단어의 사용법을 조사해 제출하도록 요청했다. 이보다 더 앞선 사례로는 1700년도의 알칼리 상Alkali Prize이 있었다. 프랑스의 루이 16세는 더 나은 방법으로 알칼리를 제조하기 위해 포상금을 걸었고 니콜라 르블랑Nicolas Leblanc이 해결책을 제시했다. 역사적으로 의미가 있는 이러한 성과는 해결책 공모를 통해 어려운 과제를 해결했다. 하지만 이것은 크라우드소싱의 진정한 사례라고 보기 힘들다. 크라우드소싱이 오랜 기간 존재해온 문제 해결 기법과 협업 개념에 바탕을 두고 있지만, 이것은 인터넷 기술을 필요로 하는 새로운 현상이다.

속도, 범위, 다양한 역량, 인터넷과 다른 새로운 미디어 기술에 의해 낮아진 진입 장벽은 크라우드소싱을 과거의 문제 해결과 협력 생산 과정과는 질적으로 다르게 만든다. 인터넷의 속성이 음악 산업의 사업 모델, 법률 영역, 기존 카세트테이프와 레코드판을 통해 음악을 공유하던 문화를 완전히 바꾼 것처럼 인터넷은 협업 생산 과정과 문제 해결을 크라우드소싱이라 불리는 완전히 다른 현상으로 확대했다.

무엇이 크라우드소싱인지, 무엇이 아닌지에 대한 많은 주장과 포괄적인 진술이 있지만 크라우드소싱은 온라인 커뮤니티의 단순한 예시가 아니다. 크라우드소싱은 인터넷이 상용화되기 이전부터 존재한 개념이 아닐뿐더러 실제 오프라인에서 발생하지도 않는다. 이것은 오픈소스 생산 방식과 다르고, 오픈 이노베이션과 동의어가 아니며 인터넷을 통해 전통적인 시장 조사나 마케팅 도구를 표현한 새로운 단어가 아니다. 아울러 crowdsourcing은 제프 하우가 처음 만들어낸 것처럼 한 단어로 사용된다. 사람들에게 이미 퍼져나간 crowd sourcing, crowd-sourcing, CrowdSourcing과 같은 형태로 사용하지 않는다.

크라우드소싱의 기반

크라우드소싱을 가능하게 하는 조건으로는 기술과 개념이 있다. 인터넷이나 다른 새로운 미디어 기술은 크라우드소싱 활용을 지원해주는 기술적 근간을 제공한다. 이러한 기술들은 참여문화에 동참할 수 있도록 만드는 특정 태도와 방법이 생겨나도록 했다. 개념적으로 크라우드소싱은 문제 해결과 혁신을 이루는 절차로 설명될 수 있을 뿐만 아니라, 집단지성과 대중의 지혜라는 집단 현상을 통해서도 설명될 수 있다.

인터넷과 참여문화

크라우드소싱이 온라인상에서만 존재할 수 있는 많은 이유 중 하나는 인터넷이 창의적인 생각들을 가능하게 하고 이들을 서로 연결해준다는 점이다. 티치아나 테라노바Tiziana Terranova 는 인터넷이 "단순한 매체가 아니라 시스템의 개방성을 다루기 위해 설계 기술을 능동적으로 적용할 수 있도록 하는 것"이기 때문에 분산 사고를 위한 이상적인 기술이라고 저술했다. 이상적인 매체는 창의적 참여를 활성화시키는데, 이를 위한 인터넷의 다른 특징으로는 속도, 범위, 시간적 유동성, 익명성, 양방향성, 낮은 진입 장벽, 다른 모든 형태의 콘텐츠를 전달할 수 있는 능력과 같은 것이 있다.

속도와 범위를 고려했을 때, 인터넷은 메시지나 아이디어 교환이 채널을 따라 빠르게 이루어지는 즉각적인 커뮤니케이션 플랫폼으로서 실질적으로 시간상의 문제를 없애며 이를 통해 창의적인 개발을 더 빠르게 진행시킨다. 더 나아가 사람들이 인터넷 기술을 접할 경우 인터넷은 범지구적인 범위를 가질 수 있게 된다. 즉, 다른 장소에 있는 사람들도 빠르게 커뮤니케이션을 할 수 있음을 의미한다. 시간상의 한계가 가상공간으로 인해 없어지는 것과 더불어, 공간상의 한계 또한 인터넷의 범지구적인 특징으로 인해 무너진다. 커뮤니케이션 이론가 제임스 W. 케리James W. Carey는 시공간에서 해방된 커뮤니케이선 기술의 사회적 역량과 문화적 변화에 대해 숙고했다. 그는 전신telegraph과 같은 발명들이 시공간을 지워가며 공통의 문화적 지향 속에서 연합 국가를 이룩했다고 말했다. 인터넷의 속도와 비동시성asynchrony이 합쳐지면, 시간적 유연성이 생긴다. 인터넷은 동시적syn chronous(실시간) 혹은 비동시적asynchronous 으로 온라인 협업 프로젝트를 진행할 때 각기 다른 속도와 사용 패턴을 모아 특정 사용자의 요구와 이용에 순응한다.

인터넷의 속도나 범위의 특성과는 다르게 인터넷은 비동시적 방식asynchronous mode을 사용한다. 즉, 온라인 게시판 시스템이나 이와 유사한 애플리케이션은 사용자들이 어떤 시점에 가상공간에서 의견이나 아이디어를 제시할 수 있도록 한다. 인터넷의 속도가 온라인 게시물 안에서 사용자들을 경솔하게 만드는 경향이 있는 반면, 비동시성은 게시판에 올라온 아이디어들에 대한 신중한 고민을 거친 후 다른 사용자들이 참여할 수 있도록 한다. 마을 광장 게시판에 메모를 남기는 방식과 같이 인터넷은 사용자들이 동시에 한 공간에 존재하지 않아도 커뮤니티 회원들 사이에서 대화가 잘 진행되고 있다는 느낌을 받을 수 있도록 한다.

그뿐 아니라 인터넷은 익명성을 보장하는 매체이다. 사용자들은 대체로 본인 방식대로 온라인상에서 새로운 정체성을 만들거나 완전히 익명인 상태로 남아 있을 수 있다. 예를 들어 사용자들은 채팅방이나 온라인 게시판에서 사용자 자신, 혹은 자신의 관심사를 표출하기 위해 자신을 대표 할 수 있는 인격이나 새로운 신체(또는 아바타)를 설계할 수 있다. 익명성은 인터넷 협업 환경, 특히 사용자가 자신의 아이디어나 의견을 사람들에게 표현할 때 매우 중요하게 작용한다. 비언어적 의사소통 연구는 보디랭귀지, 실내 공간 내에서의 위치, 가벼운 대화들이 미팅이나 상호관계 속에서 권력관계를 나타냄을 밝혀냈다. 온라인 환경에서는 사람들이 비언어적 이해관계나 인종, 성별, 능력과 같이 형태의 차이에서 오는 권력 불평등에 대한 부담 없이 온라인 회의에 참여하거나 자신의 의견을 제시하는 것이 자유롭다. 익명성은 인터넷의 참여 기능 속에서 활용될 수 있으며, 이를 통해 인터넷은 정체성에 의한 이해관계나 가식적인 행동을 취해야 하는 제약으로부터 사용자들을 해방시켜준다. 존 설러John Suler는 사용자들이 온라인상에서 소심함을 덜어내고 표현을 많이 할 수 있다고 주장한다.

인터넷은 양방향 기술이며 모든 형태의 미디어가 사용될 수 있는 통합 공간이다. 전형적인 형태의 기존 미디어(뉴스, 라디오, TV 등)와 많은 정책이 단순히 정보를 전송하는 것과 다르게 인터넷은 새로운 아이디어를 지속적으로 함께 창출해내는 것cocreation을 촉진시킨다. 인터넷상에서 콘텐츠는 하향식 모델만을 사용하지 않고, 상향식(사람들이 생성한 콘텐츠)과 하향식

(정책 담당자, 기업, 언론기관에서 생성한 콘텐츠) 프로세스의 결합을 통해 생성된다. 어떤 사람들은 인터넷으로 인해 이웃과 멀어지고 대인관계에 문제가 생기며, 또 다른 사람들은 어떤 기업에게 금전적으로 이용당할 수도 있다. 콘텐츠 제작이 증가하는 요즘 시대에 인터넷 사용자는 자신의 아이디어를 널리 알리고, 숨겨진 정보를 알아내고, 기존 아이디어와 콘텐츠를 조합해 새롭고 혁신적인 형태를 만들어내는 방법을 알게 되었다. 잠재적으로 인터넷 사용자들은 문제를 창의적으로 해결할 수 있는 사람들이다.

마지막으로, 크라우드소싱이 널리 사용되는 데는 인터넷이 다양한 활동에 대한 진입 장벽을 낮춘다는 점이 중요할 수 있다. 어떤 면에서 인터넷의 속도나 범위가 지리적·시간적 장벽을 무너뜨렸기 때문에 사람들이 서로 연결되어 소통할 수 있게 되었다. 더 깊은 수준에서, 인터넷은 전문 분야 지식에 대한 베일을 걷어내고 한때 접근성이 떨어졌던 유용한 도구들의 이용률을 높였으며 정보에 접근하는 장벽을 낮췄다.

사진 이미지 크라우드소싱 사이트인 아이스톡포토를 예로 들어보자. 인터넷이 생기기 전에 대중 사진을 팔든 그 외의 사진을 팔든 사진작가를 꿈꿨던 사람들은 전문학교의 정규 과정을 수강하거나, 전문가에게 교육을 받거나, 서점이나 도서관에서 서적을 찾아봐야만 했다. 또한 그들은 전문가 수준의 카메라, 필름, 조명 장비, 사진 편집 소프트웨어 라이선스 및 다른 사진 장비를 필요로 했다. 결국 이들은 프리랜서 사진작가로서 스스로 자리를 잡고, 고객을 유치하고, 회계나 법률적인 문제를 해결하고, 스튜디오를 대여해야만 했던 것이다. 이러한 이유로 인터넷이 생기기 전에 전문적인 대중 사진작가가 되기를 원했던 사람들은 기술적·예술적 지식, 장비 비용, 영업 노하우에 대한 거대한 진입 장벽에 부딪혀야만 했다. 하지만 최근에는 디지털카메라가 저렴해졌고 널리 사용되며, 일반적인 카메라 모델조차도 전문가 수준의 사진을 찍을 수 있다. 구도를 잡는 방법, 렌즈와 다른 장비를 사용하는 방법에 대한 강의 또한 텍스트나 비디오 형태로 인터넷상에 무료로 공개되어 있다. 아이스톡포토와 같은 사이트는 자신의 작품을 전시하거나 판매하고 수익 창출을 열망하는 전문 스톡사진가stock photographers에게 원스톱숍One-stop shop을 제공한다. 아이스톡포토, 그리고 그와 유사한 사이트들은 저렴하고, 사용료가 없는 온라인 모델로 전문 사진 산업을 재설계했다. 이로써 사용자들이 새로운 취미를 갖거나 창의적인 산업에 진출할 때 마주하게 되는 장애물 수가 더 적어졌다. 인터넷과 디지털카메라 같은 새로운 미디어 기술들은 지식 장벽을 극적으로 낮추었고 창의적인 표현, 공유, 상호작용, 사업을 하기 위한 새로운 공간에 접근할 수 있도록 만들어주었다.

종합해봤을 때 속도, 거리, 시간적 유동성, 익명성, 쌍방향성, 통합성, 낮아진 진입 장벽과 같이 인터넷의 많은 특징은 온라인 참여문화를 가능하게 한다. 2006년도에 미디어 학자인 헨리 젱킨스Henry Jenkins와 공동 저자들은 맥아더재단을 위해 참여문화 시대의 교육에 관한 영향력 있는 백서를 발표했다. 그들은 참여문화를 다음과 같이 묘사했다.

참여문화는 예술적 표현과 시민 참여에 대해 비교적 낮은 장벽을 가진 문화이고, 하나의 작품을 만들고 공유할 수 있도록 확실하게 지원하며, 능숙한 경험을 초보자에게 전달하기 위해 비공식 멘토링을 제공한다. 참여문화에서 구성원은 자신이 기여하고 있음을 믿으며, 서로가 어느 정도 사회적으로 연결되어 있다는 것을 느낀다(최소한 그들은 그들이 만든 것에 대해 다른 사람들이 어떻게 생각하는지 신경 쓴다).

협업해서 문제를 해결하는 것은 참여문화 형태의 핵심이며 분산 인지와 집단지성은 오늘날의 참여환경에서 필요로 하는 중요한 기술이다. 젱킨스와 그의 동료들은 크라우드소싱이라는 용어가 만들어지기 직전에 백서를 작성했지만, 크라우드소싱을 참여문화의 현상으로 인지하고 있었을 것이다.

창작과 공유는 참여문화의 핵심이며, 참여와 공유의 특징으로 참여문화뿐만 아니라 팀 오라일리Tim O'Reilly를 비롯한 사람들이 웹Web 2.0이라 부른 것도 설명할 수 있다. 인터넷이 발달하면서 2000년도쯤 웹 2.0시대가 시작되었다. 이 시기에는 많은 국가에 인터넷이 보급되어 대부분의 인구가 온라인을 사용하게 되었고, 다수의 사람들이 고속 연결망을 통해 온라인에 접속하는 수준까지 도달했다. 많은 사람이 풍부한 멀티미디어 콘텐츠를 쉽게 다운로드 하거나 업로드 할 수 있게 되었다는 점에서 고속 연결망의 보급과 이용 수준은 인터넷 역사에서 중요했다. 참여는 20세기 중반 인터넷이 생겨난 때부터 핵심 요소로 여겨지다가, 2000년대 초반 티핑 포인트tipping point(어떤 현상이 서서히 진행되다가 작은 변화들이 쌓여 한순간에 폭발하는 지점 ― 옮긴이)에 들어서면서 사람들이 온라인에서 많은 양의 다양한 콘텐츠를 생성하고 서로 공유할 수 있게 되었다. 소셜 네트워킹 사이트 역시 웹 2.0 시대에 꽃을 피웠다. 이를 통해 콘텐츠는 쉽게 확산되었고, 공통 관심사, 오프라인 사회, 지리적·전문적 네트워크 등에서 유기적으로 온라인 커뮤니티가 발전했다. 초기의 많은 크라우드소싱 기업과 크라우드소싱 계획은 웹 2.0 발생기에 시작되었고, 기업의 설립자들은 기술, 창조적 에너지, 커뮤니티를 활용했다. 이러한 기술에서 발전한 새로운 기술과 사회적 관계는 크라우드소싱이 2000년대 초기에 뿌리를 내리는 데 비옥한 토지가 되어주었다.

문제 해결과 혁신

케빈 던바Kevin Dunbar는 문제 해결에 네 가지 요소가 있다고 적었다.

첫 번째는 '초기 상태'이다. 문제가 시작될 때 사람들의 지식 상태를 말한다. 두 번째는 사람들이 달성하길 바라는 목표가 있는 '목표 상태'이다. 세 번째는 문제 해결자가 목표 상태에 도달하기 위해 사용할 수 있는 '행동이나 작전'이다. 네 번째는 문제 해결자가 일하는 '업무 환경'이다. 업무 환경은 직접적으로나 간접적으로 다른 문제 해결 방법을 제시하거나 제한할 수 있는 물리적 환경의 특징을 말한다.

크라우드소싱은 문제 해결 모델이다. 조직이 문제를 마주하게 해주고, 바라는 목표를 이루기 위해 업무 환경을 극적으로 확장하도록 해주며, 인터넷을 통해 해당 문제를 온라인 커뮤니티에 공개함으로써 문제를 해결하는 사람의 수를 증가시키기 때문이다. 크라우드소싱에서 조직이 해결하는 문제는 다양하지만, 일반적으로는 제품을 설계하거나, 어려운 과학적 문제를 해결하거나, 어려운 공공 문제에 대한 합의에 도달하거나, 인간 지성으로 방대한 양의 데이터를 처리하는 일을 포함한다. 조직은 이러한 문제를 내부적으로 해결하는 대신에 문제를 군중에게 드러내 이들이 광범위하고 다양한 기술, 도구, 아이디어를 쏟아낼 수 있도록 한다. 크리스천 터비시Christian Terwiesch와 이 쉬Yi Xu는 "상상력이 필요한 문제ideation problem"가 온라인에 존재하는 해결자들에게 알려지는 것이 적합하다는 점을 발견했다. 이것은 독특한 디자인이나 아이디어 생성을 필요로 하는 문제를 공개하는 데 있어, 해당 문제에 대해 조언해줄지도 모르는 개인들로 이루어진 온라인 커뮤니티가 좋은 후보지임을 의미한다.

연구 개발R&D 프로그램이나 생산 개발의 관점에서 '문제 해결problem solving'은 '혁신innovation'과 비슷한 뜻을 갖는다. 혁신에 대한 연구는 오랜 역사를 지니고 있지만, 혁신 연구에 가장 밀접한 사용자 혁신user innovation과 개방형 혁신open innovation 두 개의 분야가 크라우드소싱과 관련 있다. 리드 유저 혁신lead-user innovation으로도 불리는 사용자 혁신에서 조직 외부에 있는 개개인은 회사 제품을 사용하는 고객이라 할 수 있는데, 이들이 필요에 따라 제품을 수정하면 조직은 미래 시장의 새로운 제품에 수정 사항을 반영한다. 에릭 폰 히펠Eric von Hippel은 산악 자전거 산업을 예로 들면서, 자전거로 산을 타는 것을 좋아하는 사람들이 거친 지형을 다닐 수 있는 표준 자전거를 만들도록 요청해 개발되었다는 점에 주목했다. 이렇듯 자전거 산업은 리드 유저의 독창성, 순발력, 실험 과정으로 인해 새로운 스포츠로서 산악자전거를 많은 부분 수용했다. 실제로 현재 주류를 차지하든, 여전히 극단적인 스포츠로 치부되든, 많은 익스트림 스포츠와 이와 관련된 산업들은 위와 같은 방법으로 발전했다.

헨리 체스브러Henry Chesbrough가 사용자 혁신의 확장이라고 서술한 개방형 혁신open innovation에서, 조직은 새로운 제품과 서비스를 개발하기 위해 체계적으로 외부 이해관계자들과 함께 개방성을 받아들인다. 이처럼 개방형 혁신에서 연구 개발 과정은 회사와 고객 사이에서 다리 역할을 하며, 개발은 지속적·반복적 양방향 프로세스가 될 수 있다. 이러한 개방형 혁신을 인터넷에 적용시키는 것은 양방향 작용을 증폭시킨다.

다양한 업무 환경에 있는 수많은 해결자들과 인터넷을 통해 접촉하는 것은 세상을 바라볼 때 나열된 다양한 인지적 문제 해결의 휴리스틱Heuristics(사안에 대해 엄밀히 분석하기보다 제한된 정보만으로 직관적으로 판단하는 방식 — 옮긴이)을 이용하는 것이다. 스콧 페이지Scott E. Page가 주장하는 집단지성에서의 다양성이란, 문제 해결이나 접근법에서 예상치 못한 새로운 방법을 가지고 있는 사람들이나 아웃사이더를 포괄한다. 문제 해결 과정에서 개방성을 가짐으로써 얻을 수 있는 한 가지 이점은 전문가가 아닌 아웃사이더들도 조직의 도전 과제에 해결책을 제시할 기회를 가지고 있다는 것이다. 이들은 때로는 전문가나 내부자보다 더 나은 결과를 내기도 한다. 혁신과 문제 해결에 대한 최근 연구는 기술, 사회, 지위, 위치 주변성이 문제 해결 성과를 높이는 데 중요한 요소라는 점을 시사한다.

≪오가니제이션 사이언스Organization Science≫라는 학술지에서 예페센Lars Bo Jeppesen과 라카니Karim R. Lakhani가 작성한 2010년도 글에는 이노센티브InnoCentive.com 참여자에 대한 연구 결과가 기록되어 있다. 이노센티브는 상금을 얻기 위해 챌린지에 대한 해결책을 제시하는 '솔버Solvers(해결자)'로 이루어진 온라인 커뮤니티에 어려운 문제들을 제공해 과학적 연구와 개발을 진행하는 회사이다. 예페센과 라카니는 이노센티브 챌린지에서 솔버가 문제를 해결할 가능성이, 문제의 핵심 분야와 솔버의 기술적 전문 분야 사이의 격차와 비례한다는 것을 발견했다. 이는 생물학자가 화학자보다 화학적 문제를 더 수월하게 해결할 수 있음을 의미한다. 또한 그들은 주로 과학적 주류에 포함되어 있지 않은 여성이 남성보다 문제 해결에서 뚜렷하게 더 나은 결과를 낸다는 것을 발견했다. 개방된 과학적 문제 해결에서 이러한 기술적·사회적 주변성은 외부자의 관점과 내부적 문제 해결 휴리스틱이 과학 분야의 중심에 있는 전문가들이 해결할 수 없었던 문제에 새로운 해결책을 가져올 수 있기 때문에 장점이 된다.

크라우드소싱 콘퍼런스 2010CrowdConf 2010에서 안드레이 빌라로엘J. Andrei Villarroel과 필리파 헤이스Filipa Reis가 내놓은 논문 내용에는 예페센과 라카니의 발견이 반영되었다. 빌라로엘과 헤이스는 회사에 새로운 아이디어를 내기 위한 방법으로 직원들에게 내부 시스템을 사용하게 한 유럽의 대형 통신 회사를 연구했다. 그들은 회사에서 낮은 직급에 있는 사람들과 본사로부터 멀리 위치한 사람들이 더 나은 혁신적인 수행 결과를 낸다는 상관관계를 확인했다. 계급과 위치의 주변성에 대한 이러한 두 가지 발견을 통해 회사가 문제 해결 도전 과제를 외부에 알리는 것과 유사한 방법으로, 큰 기업 내부에서 혁신적인 이득을 가져올 수 있도록 공개적으로 문제를 해결할 수 있다는 것을 알 수 있다.

집단지성과 군중의 지혜

집단지성 연구의 다학제적인 장場이 형성되면서, 크라우드소싱은 집단지성에 대한 담론에 자주 포함되었다. 미디어 학자 피에르 레비Pierre Levy는 집단지성을 "보편적으로 분포된 지성의 형태로, 지속적으로 강화되고, 실시간으로 조정되며, 결과적으로 기술의 효과적인 동원이 이루지는 것"으로 생각했다. 서로 조직하고 연결하는 능력은 집단지성의 핵심이며, 창작과 참여 활동에서 개개인을 서로 연결하는 세계적 네트워크의 부상은 집단지성 연구에 엄청난 관심을 불러일으켰다.

일부 집단지성 연구는 협력과 생존을 위해 조직화하는 곤충과 동물의 무리나 떼에 관심을 두고 있고, 또 다른 연구에서는 여전히 컴퓨터 알고리즘이나 로봇이 집합적인 지성을 생성하도록 조직화하는 방법들을 검토하고 있다. 유호 살미넨Juho Salminen은 이러한 연구들이 세 가지 수준의 개념에 초점을 맞춰왔음을 밝혀냈다. 첫 번째는 미시적 차원, 두 번째는 거시적 차원, 세 번째는 집단지성의 거시적 효과를 창출하기 위해 미시적 차원의 상호작용을 부각하는 방법이다.

미시적 차원에서는 심리적·인지적·행위적 요인들을 고려한다. 여기에는 개인들을 집단지성에 참여하도록 만드는 신뢰와 관심 수준이 포함된다. 거시적 차원에서는 시스템의 성능에 초점을 맞춘다. 제임스 서로위키James Surowiecki는 적절한 조건 아래에서 군중이 가장 뛰어난 개인이나 전문가들보다 더 뛰어난 결과를 낼 수 있는 현상을 '군중의 지혜wisdom of crowds'라고 부른다. 서로위키는 군중의 지혜가 집단 내 개인들의 독립성과 그룹의 다양성에 기반을 두고 있으며, 군중 개개인의 결과물을 모은 것이 군중 공동 작업물의 평균보다 더 낫다고 말한다. 특히 집단 내 개인들 사이에서 과도한 협력, 소통, 협상이 이루어질 경우 군중이 현명해지는 것을 막을 수도 있다. 루홍Lu Hong과 스콧 페이지는 서로위키보다 더 자세히 다양성의 개념을 검토했다. 스콧 페이지는 그가 저술한 『다름: 다양성의 힘은 어떻게 더 나은 집단, 회사, 학교, 사회를 만드는가?The Difference: How the Power of Diversity Creates Better Groups, Firms, Schools, and Societies』에서 일반적인 문제 해결 환경의 다양성에 대해 좀 더 정교한 주장을 하기 위해 군중의 지혜에 대한 서로위키의 추론을 확장한다. 일부 문제 해결 상황에서 군중의 지혜를 활용하는 것은 문제 해결에 인지적으로 다양한 관점을 제공하는 다수의 개인들을 얻는다는 점에서 유용하다. 그 개인들이 전문가가 아닐지라도 말이다.

크라우드소싱의 실제 사용

크라우드소싱은 소비자 제품과 미디어 콘텐츠의 생산부터 과학과 정책 분야까지 다양한 범위의 활동에서 적용 가능한 유동적인 모델이다. 이 장에서는 몇 가지 잘 알려진 크라우드소싱에 대한 조사와 잘 알려지지 않은 크라우드소싱 사례를 업무 범위나 주제에 따라 정리해 보여줄 것이다.

소비자 제품과 미디어 광고에서의 크라우드소싱

제프 하우가 자신의 블로그에서 크라우드소싱의 한 사례로 "순수하고 불순물이 섞이지 않은 (확장 가능한) 크라우드소싱"

이라며 스레드리스를 언급했다. 시카고에 기반을 두고 2000
년대 후반 설립된 스레드리스는 온라인 의류업체이다. 2006
년 6월, 하우에 따르면 스레드리스는 "20명도 채 되지 않는 직
원"으로 "월 6만 장의 티셔츠를 팔고, 35%의 수익을 남겼으며
2006년에는 총액 1800만 달러의 이익을 남겼다". ≪포브스
Forbes≫는 스레드리스의 판매가 2009년 최고치에 달해 3000달
러를 기록했다고 보고했다.

스레드리스 온라인 커뮤니티에서 등록된 회원들을 대상으
로 진행하고 있는 챌린지는 실크스크린 티셔츠들을 디자인
하거나 고르는 것이다. 회원들은 어도비 일러스트레이터Adobe
Illustrator와 같은 그래픽 소프트웨어에 사용할 수 있게 제작된
티셔츠 디자인 템플릿과 컬러 팔레트를 내려받을 수 있고 이
를 이용해 새로운 티셔츠 디자인에 대한 아이디어를 낼 수 있
다. 그 후 자신의 디자인을 스레드리스 웹사이트에 있는 갤러
리에 올리면 사이트를 통해 일주일 동안 경쟁하게 된다. 이 기
간 동안 갤러리에서 0점부터 5점 사이의 범위로 디자인들에
대한 회원 투표가 진행된다. 한 주의 마지막 날에 가장 높은
점수를 얻은 디자인들은 제작에 들어가기 위한 최종 후보가
되고, 스레드리스 직원은 매주 정해진 수량으로 대규모 생산
할 다섯 개의 디자인을 선택한다. 이 티셔츠들은 일반적인 온
라인 상점을 통해 온라인 커뮤니티 회원들에게(사이트에 등록하

지 않은 방문자들을 포함해) 판매된다. 스레드리스는 우승한 디자이너들에게 현금 2000달러와 500달러 상당의 스레드리스 상품권 카드를 지급한다. 그리고 티셔츠에 대한 수요가 많아져서 재생산되면 우승한 디자이너들은 추가 생산비로 현금 500달러를 지급받는다.

제조에 전념하기 전 새로운 제품을 생산하고 소비자에게 조언을 얻는 방법으로써 다른 여러 회사들이 이 모델을 분석해왔다. 이 모델을 활용하는 회사로는 여성화를 제작하는 드림힐스닷컴DreamHeels.com, 가구 회사인 메이드닷컴Made.com, 사용자의 아이디어를 페이스북으로 받아 새로운 맛을 개발하는 비타민 음료 제조 회사가 있다. 전통적인 의류 회사 또는 소비자 제품 회사는 광범위한 시장 분석과 셀 수 없는 제품 디자이너들의 브레인스토밍 기간, 포커스 그룹 인터뷰 및 제품 검사, 장기간의 수정 과정을 거쳐 새로운 제품을 위한 시제품을 개발해낸다. 전통적인 회사에서 선행 투자는 막대한 양으로 이루어지는데, 이것은 아마도 제품을 대량으로 생산한 후 시장에서 실패할 수 있는 위험도를 최소화하기 위함일 것이다. 스레드리스 같은 크라우드소싱 기업들은 단 한 장의 티셔츠를 생산하더라도 사전에 소비자들을 통해 아이디어를 창출해낸다. 이들은 상호 검토와 개선 절차를 통해 제품에 대한 아이디어를 점검하고, 최종 결과물을 구매하고자 하는 소비자들의 욕구를 확인한다. 전통적인 티셔츠 생산 회사는 내부 디자인 팀을 두거나 정기적으로 프리랜서 네트워크를 이용하므로, 디자이너들이 시장에서 몇 번이고 성공할 수 있는 새로운 아이디어를 내기에는 한계가 있다. 결국 그 디자인 팀은 실패작을 만들게 된다. 하지만 프로세스를 온라인상의 크라우드소싱 방식으로 확장한다면 잠재적으로 무한히 많은 아이디어가 나올 수 있고, 검증된 투표 시스템은 제작에 들어가기 전 실패작들을 찾도록 도움을 줄 수 있다. 전통적인 소비자 제품 개발 과정과 비교했을 때, 크라우드소싱은 시장조사를 통합하고 조직에 대한 위험도를 낮춤으로써 더 나은 아이디어를 창출해낼 수 있다.

　미디어 콘텐츠의 생산 과정은 소비자 제품 생산 과정과 비교해봤을 때 큰 차이가 없다. 제품 생산이나 미디어 콘텐츠 생산 모두 제품이나 콘텐츠가 경쟁 시장에서 돋보이도록 할 수 있는 아이디어를 만들거나 검토하는 과정을 거친다. 2006년 이래로 도리토스Doritos는 사람들이 웹사이트에 도리토스 콘칩에 대한 30초짜리 TV 광고를 제출하게 하는 크래시 더 슈퍼볼 Crash the Super Bowl 대회를 개최해왔다. 스레드리스처럼 이 대회는 온라인 커뮤니티에서 가장 많이 득표한 작품이 나올 때까지 마음에 드는 광고에 투표한다. 우승을 차지한 광고는 북미 프로미식축구리그 슈퍼볼 방송 중 시청률이 가장 높고 비싼

시간대에 방송된다. 그리고 우승을 한 광고의 제작자는 슈퍼볼 관람권을 포함한 상품과 상금을 받는다. 미국 종합일간지 ≪USA 투데이≫에서 진행한 광고 선호도 조사USA Today's Ad Meter rankings에 따르면 크라우드소싱을 활용한 광고는 수퍼볼 광고 선호 순위 중 항상 5위권 내로 기록되었다. 도리토스는 이 대회를 홍보하기 위해 많은 투자를 하는데, 대회 홍보를 위한 노력과 대회에 걸린 상금이 매디슨가의 광고사에서 도리토스 광고를 만들어내는 비용보다 적을지는 불분명하다. 이 과정은 도리토스가 인터넷을 통해 훨씬 더 많은 창의적인 아이디어를 그릴 수 있게 해주고, 슈퍼볼 기간 동안 방송을 하기 전에 어떤 광고들이 소비자에게 흥미를 불러일으킬 수 있는지 알 수 있도록 한다.

크라우드소싱은 언론 매체물을 만들 때도 사용되어왔는데 엇갈린 결과를 가져왔다. 어사인먼트 제로Assignment Zero는 ≪와이어드≫와 제이 로젠Jay Rosen의 뉴스어사인닷넷NewAssignment.net의 합작으로 2007년 초에 설립되었다. 크라우드소싱이라는 용어가 등장한 지 6개월 정도 지났을 때, 어사인먼트 제로는 크라우드소싱이라는 주제에 집중해 크라우드소싱 저널리즘 실험을 진행하려 했다. 이 프로젝트의 목표는 자원 작가와 편집자의 지원을 받아 온라인 커뮤니티를 만들어서 크라우드소싱의 현재에 관해 가장 철저한 진단을 내리는 것이었다. 어사인먼트 제로는 크라우드소싱의 다양한 양상에 대한 수십 가지 양질의 글을 내놓을 수 있길 바라면서, 군중에게 이야기를 구상하고 인터뷰 대상과 연락하고 이야기를 쓰고 다른 사람들이 쓴 글을 편집하도록 했다. 제프 하우는 《와이어드》 2007년 7월호에 실린 프로젝트 평가서에서 "무질서한 계획, 기술적 문제, 참여자들 간의 혼란으로 고생한" 프로젝트라고 말했지만, 크라우드소싱을 적용한 언론 프로젝트의 미래에 대해 긍정적인 어조를 유지했다. 로젠은 어사인먼트 제로의 한 가지 문제는 자발적 참여자들이 사이트를 방문했을 때 도전 과제를 충분히 이해할 수 있도록 하는 구체적이거나 세세한 안내가 없었던 것이라고 주장했다. 즉, 대중이 충분한 체계나 관리 없이 컨셉에서 최종 편집까지 모든 이야기를 만들어내라는 요구를 받았다는 것이다. 대중에게 주제에 대한 이야기를 쓰게 하는 것은 원고를 교열하고, 사실을 확인하고, 이야기를 쓰기 위한 자료를 조사하게 하는 일과는 큰 차이가 있다. 업무 분배 과정은 조직이 프로세스의 관리 및 통제 수준에 대해 영향력을 행사하는 한 가지 방법이다. 대중이 수행할 업무가 명확히 정의되고 세분되지 않으면 통제점이 대중의 영역으로 너무 많이 이동하게 되고, 대중은 프로젝트나 조직의 전반적인 목표에 대해 이해하지 못할 수 있다.

크라우드소싱 과학

크라우드소싱 과학은 아마추어 과학자 혹은 취미로 과학을 하는 사람들의 중요한 기여와 오랜 전통의 시민 참여 과학을 토대로 만들어졌다. 시민 참여 과학의 예로는 아마추어 천문학자가 별을 발견한 일, 아마추어 발명가와 개발자가 이루어낸 수많은 발명 등이 있다. 시민 조류 관찰자들이 매일 그들이 관찰한 새의 개체 수와 종류를 보고하는 오듀본협회Audubon Society의 조류 조사 작업 등도 이에 속한다. 크라우드소싱 과학은 온라인에서 이러한 활동을 가속화하여, 조직이 군중에게 상호 이익을 위해 특정한 과학적 문제를 제기할 수 있게 한다.

이노센티브는 주로 기업의 과학적 연구와 개발 분야에서 크라우드소싱의 예시로 인용된다. 이노센티브는 2002년에 제약업자 엘리 릴리Eli Lilly의 투자로 설립되어, 생체 의학이나 약학 분야부터 공학과 컴퓨터과학까지 광범위한 주제에서 연구 개발 해결책을 제공한다. 이노센티브는 수십 곳의 거래처로 이루어진 '시커Seeker'와 16만 5000명의 '솔버Solver'들로 이루어진 온라인 커뮤니티를 보유하고 있다. 시커 기업들은 솔버 커뮤니티에 5000달러에서 100만 달러의 상금을 걸고, 어렵고 과학적인 문제를 제시한다. 라카니, 예페센, 로스Peter A. Lohse, 패네타Jill A. Panetta에 따르면 문제 해결을 위한 요구 조건으로는 '선행 시행RTP' 서류 제출(예를 들어, 실제로 화학적·생물학적 물질과 같이 실험을 통해 입증된 해결책)이나, 실험에 대한 계획서, '서류상'의 제출물(예를 들어, 서류상 글로 작성되어 합리화된 이론적 해결책)이 있다. 제출된 자료들은 시커들만 확인할 수 있고 다른 솔버들에게는 공개되지 않는다. 시커 기업은 가장 뛰어난 해결책을 제시한 솔버들에게 상금을 주고 지적재산권을 얻으며, 이노센티브는 챌린지 진행과 문제 해결에 도움을 준 것에 대한 수수료를 시커 기업으로부터 받는다.

라카니와 동료들은 2001년과 2006년 사이의 이노센티브 서비스를 통계적으로 분석했다. 그들은 내부 연구실과 연구원들을 보유한 큰 회사들의 모임인 시커조차 자체적으로 해결할 수 없었던 문제의 29%를 솔버들이 해결할 수 있었다는 사실을 발견했다. 나아가 이 연구는 제시된 문제의 관련 분야와는 거리가 먼 분야에 종사하고 있는 솔버가 성공적인 해결책을 만들어낼 가능성이 있다는 긍정적인 상관관계를 발견했다. 즉, 주어진 문제의 전문 분야에서 아웃사이더라 할 수 있고, 해당 학문 분야의 주변에 있는 솔버들이 문제 해결을 더 잘해냈다는 것이다.

이와 유사한 과학적 크라우드소싱의 또 다른 사례로는 골드코프 챌린지Goldcorp Challenge가 있다. 캐나다의 금광회사인 골드코프Goldcorp는 2000년 3월에 챌린지를 개발했다. 회사의 보도자료에 따르면 "전 세계의 참여자들은 골드코프가 새롭게 사들인 온타리오Ontario주의 레드호 광산Red Lake Mine에서 지질 데이터를 조사하고, 다음번에 금 600만 온스가 발견될 가능성이 있는 위치를 식별하는 제안서를 제출하도록 권장받았다". 가장 많은 금 매장량을 확인한 최후의 25인에게 50만 달러 이상의 상금을 준다고 제안함으로써, 골드코프 웹사이트는 47만 5000명의 방문자를 기록하게 되었으며 "51개국의 1400명 이상의 온라인 탐광자들이 챌린지 참가자로 등록했다". 군중이 도출한 다양한 해결책을 통해 골드코프가 추측하고 있던 많은 매장층을 실질적으로 확인할 수 있었는데, 총 110개의 매장층 중에서 일부는 새로운 매장층이었다.

크라우드소싱은 또한 과학자들이 건강이나 사회적 주제에서 다양한 행동과 태도를 모델링하는 변수를 찾기 위해 군중을 활용하게 함으로써 연구 프로젝트를 재정의하는 데 도움이 될 수 있다. 본가드Josh C. Bongard, 하인스Paul D. H. Hines, 콩거Dylan Conger, 허드Peter Hurd, 루Zhenyu Lu는 사용자들에게 그들의 삶에서 체질량 지수와 전기 사용량과 관련 있는 행동을 포함해, 비만과 전기 사용에 관한 질문에 답하게 하는 시스템을 시험했다. 사용자들은 미래의 사용자들이 대답할 수 있도록 행동 양식에 대한 새로운 질문을 제안할 수 있었다. 시간이 지나면서 더 많은 참여가 이루어졌고 이에 따라 시스템의 고도화가 이루어졌으며, 사용자들은 기본적으로 그들의 실제 체질량 지수와 전기 사용량에 맞서 그 모델에 새로운 행동을 제안했다. 이러한 모델에 대한 데이터 수집과 행동 양식 모델링을 위한 변수 생성 과정을 크라우드소싱 함으로써, 사용자들은 공중보건의와 환경 정책 입안자들에게 유용한 행동적 모델링 개선에 기여해왔다.

크라우드소싱 공간과 장소

크라우드소싱은 인터넷상에 퍼져 있고, 지리적으로 다양하게 위치한 군중에게 영향을 미치는 조직을 필요로 한다. 이러한 이유로 크라우드소싱은 공간과 장소의 한계를 뛰어넘는 데 적합하다. 크라우드소싱을 이용해 조직은 군중 속의 개인에게서 위치 기반 정보를 얻을 수 있다. 많은 사례를 통해 이것이 어떻게 다양한 상황에서 구체화되는지 알 수 있다.

시클릭픽스닷컴SeeClickFix.com은 시클릭픽스 웹사이트나 무료 모바일 애플리케이션 사용을 통해 지역사회에서 정기적으로 발생하는 문제를 기록할 수 있게 해준다. 이러한 문제들로는 도로의 구덩이, 낙서, 신호등의 고장, 휠체어의 통행을 방해하는 보도의 진입 경사로 및 파손이나 공공 안전에 대한 사안들이 있다. 시 정부나 기자들은 사회가 직면한 사안의 이해와 문제 해결에 필요한 자원을 할당하기 위해 정보 수집 수단으로 시클릭픽스를 사용한다. 시클릭픽스의 대변인은 "평균적으로, 사이트에 올라온 40% 이상의 사안이 해결된다"라고 말했다. 시클릭픽스는 시민에게 자신의 문제를 효과적으로 시 정부에 알릴 수 있는 공모를 제공하고, 시 정부에게는 위치 기반 지성을 바탕으로 시민에게 서비스를 제공할 수 있는 기회를 준다.

우샤히디닷컴Ushahidi.com은 시클릭픽스와 비슷한 개념이지만 사회운동가와 정부 감시 단체의 관심사를 매핑mapping 하는 것에 초점을 맞춘다는 점에서 차이가 있다. 스와힐리어로 '목격자' 또는 '증언'이라는 뜻을 가진 우샤히디Ushahidi는 부정선거 논란이 발생해 특정 민족에 대항하는 폭력 사태로 이어진 2007년 케냐 대선 이후에 설립되었다. 우샤히디 플랫폼은 케냐 사람들이 이메일이나 문자 메시지를 통해 민족 간 폭력 사례에 대해 기록할 수 있도록 했으며, 이 기록은 사회운동가들과 평화주의자들이 폭력 사태의 발생 경로를 효율적으로 추적할 수 있게 했다. 이후 우샤히디는 정부 관리, 운동가, 긴급 구조원, 기자에게 현지의 유용한 정보를 제공함으로써 다른 위기, 자연재해, 시위, 심지어 무선통신 가능 지역wireless coverage의 지도로도 사용되었다.

크라우드소싱은 또한 시민들이 집합적으로 건설된 환경built environment을 계획하기 위해 물리적 공간을 재구상할 수 있게 해준다. 넥스트 스탑 디자인Next Stop Design은 2009년과 2010년 사이에 솔트레이크시티의 유타주 교통청 버스 시스템을 위해 더 나은 버스 정류장을 디자인하는 대회를 시작함으로써, 대중교통 기획에서 시민이 참여하는 크라우드소싱을 시도했다. 이 프로젝트는 미국 연방교통청으로부터 후원을 받았으며, 스레드리스와 같은 사이트를 본떠서 만들어졌다. 대회 참가자들이 넥스트 스탑 디자인 웹사이트의 갤러리에 버스 정류장 디자인을 업로드하면 다른 사람들의 디자인들을 평가할 수 있었다. 4개월간의 대회 끝에 가장 높은 평점을 받은 세 개의 디자인이 우승자로 정해졌다. 우승한 디자인으로 정류장을 건설한다는 어떠한 보장이나 상금도 없이 거의 3200명의 사용자들이 버스 정류장 디자인 260개를 대회 기간에 제출했다. 매사추세츠주 서머빌의 인터랙티브 서머빌inTeractive Somerville 같은 프로젝트는 도시 계획이나 도시 교통망을 위한 공공 참여 활동에 시민을 참여시키기 위해 크라우드소싱 개념으로 만들어졌다. 쿨타운 베타 커뮤니티Cooltown Beta Communities와 같은 회사들은 시민과 개발자들에게 크라우드소싱을 통해 성공적인 도시 문화 지구를 건설할 때 필요한 툴을 제공함으로써, '크라우드소싱을 활용한 사용자 친화적 디자인crowdsourced placemaking'을 가능하게 한다.

크라우드소싱 정책

정부는 점차 공공 참여와 정책 입안에 인터넷을 사용하는 것을 염두에 두게 되었다. 캘리포니아주 샌타모니카Santa Monica 에서는 1989년 초에 공공 전자 네트워크Public Electronic Network가 시작되었다. 이것은 대중이 사용할 수 있도록 시 정부가 운영한 최초의 온라인 네트워크인데, 회원들은 도시의 문제에 우려를 표하거나 해결책을 제안할 수 있었다. 2007년 뉴질랜드는 시민들에게 위키Wiki를 통해 치안법의 표현을 정교하게 만들 기회를 제공했고, 2011년 아이슬란드 정부는 재정 파탄을 계기로 새로운 헌법을 만들 때 시민들에게 아이디어를 모으기 위해 소셜 미디어를 사용했다. 정부 운영에서 시민이 참여하는 방법으로 크라우드소싱이 최근 인기를 얻으면서 정부가 정책이나 폐기물 감소에 관해 시민의 아이디어나 의견을 요청하기도 한다.

피어 투 페이턴트Peer-to-Patent는 여러 주요 특허 소유자들의 지원을 받아 2007년부터 2009년까지 진행된 뉴욕 법학전문대학원과 미국 특허청 간의 시범 프로젝트이다. 피어 투 페이턴트 프로젝트에서 미국 특허청은 특허 신청서 일부를 온라인 커뮤니티로 옮겼다. 금전적 보상 없이도 2600명이 넘는 온라인 커뮤니티는 '선행 기술prior art'의 존재 유무를 검토했다. 선행 기술은 특허 출원서의 독창성을 부정할 수 있는 유사한 발명이 이미 존재한다는 증거이다. 이러한 결과는 미국 특허청으로 다시 넘겨졌다. 특허 출원으로 인해 과중한 부담을 안고 있던 미국 특허청은 이러한 결과를 이용해 새로운 특허를 등록할지 여부를 결정했다. 2009년 피어 투 페이턴트는 미국 특허청이 18개의 특허 출원에서 한 개 이상의 출원을 거절하기 위해 온라인 커뮤니티의 선행 기술 보고서를 사용했다고 기록했다. 또한 특허 심사관의 69%는 피어 투 페이턴트와 같은 프로그램을 정기적으로 활용하면 유용할 것이라고 응답했다. 첫 번째 시범 프로젝트의 성공을 토대로 2010년부터 2011년까지 또 다른 시범 프로젝트가 수행되었다. 이 프로젝트는 여러 도시에 걸쳐 진행되었으며 미국에서 영구적으로 프로젝트가 계속될 예정이다. 피어 투 페이턴트는 정부가 크라우드소싱 방식을 통해 어떤 문제를 해결하기 위해 시민들을 동원할 수 있다는 것을 입증했다.

오바마 대통령은 불필요한 정부 지출을 줄이는 방안을 찾기 위해 '세이브Securing Americans Value and Efficiency: SAVE' 대회를 열었다. 미국 연방의 직원들에게는 비용 절감 아이디어를 제시할 기회가 주어졌고, 최고의 아이디어를 가려 시상했다. 지난 2년 동안 아이디어가 5만 6000건 제출되었고, 장기적으로 정부에서 수백만 달러를 절약하기 위해 선정된 아이디어들이 프로젝트화되었다. 이러한 상황에서 미국 정부는 비용을 절감

하기 위해 아이디어를 받는다고 널리 알림으로써 직원들로부터 비용 절감에 대한 참신하고 입증 가능한 해결책을 찾을 수 있었다.

크라우드소싱 마이크로태스크

가장 단순한 형태로, 크라우드소싱은 인터넷을 통해 조직과 잠재적 노동자를 연결해주는 한 가지 방법이다. 크라우드소싱은 특히 인터넷 전체에 걸쳐 마이크로태스크microtasks라 불리는 작은 단위의 작업을 분배하는 과정에 적합한 것으로 보인다. 메커니컬 터크에서 '요청자Requesters'는 사람이 수행해야 하는 단순한 일들을 사이트를 사용해 편성할 수 있다. 인터넷 검색 엔진에서 이미지 내용에 정확하게 태그를 붙이는 것과 같이 컴퓨터로는 쉽게 할 수 없는 일들이 있다. '터커스Turkers'라고 알려진 메커니컬 터크 커뮤니티의 개인 사용자들은 이러한 일련의 인간 지능 작업HITs을 수행하기 위해 사이트에 가입하고 요청자는 그들에게 매우 적은 금전적 보상(업무에 따라 1센트에서 55센트까지)을 제공한다. 메커니컬 터크는 인간의 지능을 요구하는 단순한 작업을 큰 단위 묶음으로 만들어 편성하고, 이러한 서비스를 이용하는 조직은 중요한 데이터 분석을 빠르고 저렴한 가격에 얻을 수 있다.

이러한 마이크로태스킹은 다른 경우에도 활용되어왔다. 예를 들어, 서버트 앤 프로핏Subvert and Profit 사이트는 2012년 갑작스럽게 폐쇄되기 전까지 디그Digg와 스텀블어폰StumbleUpon과 같은 소셜 미디어 사이트상에서 할 수 있는 게임을 조정할 때이 형식을 사용했다. 비밀 고객이 서버트 앤 프로핏에 금액을지불하면, 등록된 사용자로 이루어진 군중에게는 특정 이야기와 웹사이트에 등급을 매기는 업무가 분배된다. 이들은 업무를 수행함으로써 약간의 돈을 벌 수 있다. 이것을 '소셜 미디어 최적화social media optimization'라고 부른다. 서버트 앤 프로핏은디그와 같이 접속률이 높은 사이트의 메인 페이지에 수천 개의 콘텐츠 아이템이 노출된다고 말했다. 결과적으로 값을 지불한 콘텐츠들은 수백만 명에게 노출된다는 것이다. 서버트앤 프로핏은 이 방법이 "기존 인터넷 광고보다 비용 측면에서 30에서 100배 정도 효과적"이라고 추정했다.

크라우드펀딩 이해하기

크라우드펀딩 개념이 유명해지면서 연구자들은 크라우드펀딩에 참여하는 사람들과 크라우드펀딩 방법을 조사하기 시작했다. 크라우드펀딩은 특정 사업 아이디어나 특정 상품 개발에 투자하기 위해 인터넷을 통해 개개인이 비교적 적은 돈을 기부하는 자금 지원 모델을 말한다. 킥스타터Kickstarter.com는 크라우드펀딩 모델의 잘 알려진 사례이다. 음악인, 예술가,

영화 제작자 등 창작 작업을 하는 사람들은 킥스타터에 창의적인 프로젝트 아이디어를 게시물로 올리고, 온라인 커뮤니티 회원들에게 현금 기부를 통해 아이디어를 후원해주길 요청한다. 창작자들은 사이트에서 잠재적 투자자들에게 창의적인 보상을 제공한다. 예를 들어 장편 영화 제작비를 모으고 싶은 영화 제작자는 군중으로부터 후원금을 모으기 위해 킥스타터 메인 페이지에 아이디어를 올릴 수 있다. 영화 제작자는 프로젝트가 목표 금액을 달성할 경우 후원자들에게 제공할 단계별 보상 리스트를 공개할 것이다. 예를 들어 20달러 후원자는 최종적으로 만들어진 필름의 DVD 복사판을 받을 수 있고, 100달러 후원자는 영화 엔딩 크레딧에 이름을 올릴 수 있으며, 500달러 후원자는 집에서 사설로 영화를 감상할 기회를 얻을 수 있다. 영화제작자가 목표 금액을 채웠을 때 그들은 영화를 제작할 수 있게 되고, 영화 제작을 후원한 많은 사람은 후원에 대한 보상을 받게 된다. 크라우드소싱은 수많은 예술적 아이디어가 현실화되는 것을 돕고, 후원자들이 그들이 믿는 예술적 노력을 지원할 수 있게 한다. 이 모델은 또한 소규모 기업 대출이나 엔젤투자자를 찾는 스타트업 기업에게도 활용된다.

그러나 크라우드펀딩은 엄격한 의미에서 보면 크라우드소싱과 딱 들어맞지는 않는다. 크라우드소싱은 하향식 관리 프로세스와 상향식 오픈 프로세스의 조합으로, 조직과 군중 모두에 속하는 공유된 생산 통제점이 존재하며, 주고받는 방식으로 이루어진다. 하지만 크라우드펀딩은 이러한 형식을 따르지 않는다. 크라우드펀딩에서 예술가나 기업가는 아이디어를 발전시키고, 그 아이디어를 시장에 내놓기 위해 금전적 후원을 요청한다. 하지만 예술적인 노력이 가져오는 결과나 스타트업 사업이 운영되는 방식에서 군중과의 소통이 일어나지 않는다. 크라우드펀딩은 분산된 자금 조달 혹은 집단 투자로서, 크라우드소싱과는 다르다. 심지어 메커니컬 터크에서 간단한 인간 지능 작업을 수행하면서 보수를 받는 군중도 그들의 재능과 지능을 작업을 위해 기부한다. 그렇지만 크라우드펀딩에서는 제품 그 자체에 영향을 미칠 만한 창조적 에너지나 인간 지능이 존재하지 않는다. 더 정확히 말하면, 크라우드펀딩 방식에서 군중에게 필요한 지능은 그들이 지원해줄 제품을 선택하는 것에서 그친다. 또한 크라우드펀딩과 크라우드소싱은 생산 수단과의 관계도 서로 다르다.

비록 크라우드펀딩이 크라우드소싱의 정의와 일치하지 않는다 해도 확실히 제품 개발의 미래에서 한몫을 담당할 것이고, 추후 창의적인 일을 하는 직종과 예술 분야에 대한 정부의 재정 지원에 영향을 미칠 것이다. 크라우드펀딩은 독립 예술가들이 무명 생활에서 벗어나 자립할 수 있도록 도와주고, 그들을 더 큰 무대에 세워줄 것이다. 이것은 독특한 보상 방식으로 창작자와 후원자를 연결해줌으로써 빠르고 충직한 온라인 브랜드 커뮤니티를 만들어내고, 정형화된 대본과 예측 가능한 속편으로 이루어진 많은 대중 영화에 대안을 제시할 것이다. 그러나 한편으로 경기 침체의 여파로 미국과 다른 나라의 정부에서 크라우드펀딩을 예술 공공 재정을 대체하는 대안으로 보고 철저한 조사에 들어갈 수도 있다. 만약 소규모 팬들이 예술적인 상품을 만들기 위해 크라우드펀딩에 참여한다면, 정치적인 논리로 볼 때 납세자들이 왜 이렇게 쓰일 세금을 납부해야 할까? 취약한 경제 상황에서 킥스타터와 같은 사이트들은 공공 예술 기금에 대한 현실적인 위협으로 다가올 수 있다.

그러나 크라우드펀딩은 예술 기금을 넘어 공익을 위한 혁신을 가속화할 수 있는 잠재력을 가지고 있는데, 이는 학문적 연구나 창의적 아이디어가 결실을 맺을 수 있도록 개인이 작은 후원을 하기 때문이다. 2012년, 삶의 질을 높일 수 있는 프로토타입에 대한 아이디어를 가진 학술 연구자들을 위해 이노보크라시Innovocracy.org라는 사이트가 개설되었다. 이 사이트에서 개인 투자자들은 크라우드펀딩에 참여해 이러한 제품을 현실화할 수 있었다. 한 가지 예로, 한쪽 팔의 기능을 잃은 사람들이 자전거를 탈 수 있도록 만들어진 한 손 제어 시스템이 있다. 로체스터 대학교 연구팀이 개발한 이 프로젝트는 6000달러를 목표액으로 잡았으며 이노보크라시의 크라우드펀딩 플랫폼을 통해 목표액보다 더 많은 금액을 모았다. 전통적인 예술과 학술 연구를 위한 기존의 공공 기금 구조에 대한 크라우드펀딩의 위협에도, 이것은 창작하는 사람들이 많은 사람의 지원을 통해 빠르고 유연하게 아이디어를 시장에 내놓을 수 있도록 한다.

크라우드소싱 정리

❖

모든 것을 위한 자리가 있어야 하고, 모든 것은 그 자리에 있어야 한다.

— 이사벨라 비튼Isabella Beeton, 『가정서Mrs. Beeton's Book of Household Management』

크라우드소싱 사례는 다뤄지는 문제의 종류에 따라 네 가지 유형으로 나누어 정리할 수 있다. 일부 학계에서 크라우드소싱을 조사하는 다른 분류법을 제안했지만, 필자가 만든 네 가지 종류의 유형 분류가 왜 크라우드소싱을 자세히 검토하기에 다른 분류법보다 더 유용한지를 보여주려 한다. 크라우드소싱 연구에 대한 학문적 해석들을 간단히 살펴본 후, 크라우드소싱 응용과 크라우드소싱의 결과물에 대해 조직이 갖는 책임을 관리하는 정책 조언적 체제로 결론 맺을 것이다.

분류법의 정리

많은 학자들과 기자들은 군중의 유형, 크라우드소싱 과업,

제공되는 산업, 기능적 특징과 같이 여러 측면에 따라 크라우드소싱을 분류해왔다. 예를 들어, 니콜라스 카Nicholas Carr는 크라우드소싱의 활용보다는 군중에 대해서 사회적 생산 군중social-production crowds, 평균화 군중averaging crowds, 데이터마이닝 군중data-mine crowds, 네트워킹 군중networking crowds, 거래적 군중transactional crowds, 이벤트 군중event crowds의 여섯 가지 유형으로 나누는 분류법을 제안했다. 카의 군중 분류법은 위키피디아와 오픈소스 소프트웨어 프로젝트인 리눅스뿐만 아니라 크라우드소싱의 예시들을 포함하지만, 그는 다양한 프로젝트에서 사람들이 수행하는 노동의 종류와 군중 속의 개인들이 의사소통하고 협업하는 방식에 기초해 커뮤니티를 나눴다. 이러한 분류법은 군중이 가지고 있는 다양한 능력을 나타내기에 유용하며, 그들이 조직을 위해 함께 일을 하거나 따로 일할 수 있는 다양한 방법을 반영하기에 좋다. 하지만 이러한 분류화는 조직에서 크라우드소싱의 이점을 활용하기 위해 그것을 어떻게 사용할지 결정할 때 필요한 정확한 내용을 제공하지는 않는다고 생각한다.

에릭 마티노Eric Martineau는 2012년 석사 논문에서 크라우드소싱 활용에 참여하는 군중의 동기에 초점을 맞춰 군중의 참여 스타일을 네 가지 유형으로 나눈 분류법을 제안했다. 그는 군중 속의 개인들을 몇 가지 항목으로 분류했다. 먼저 공동체의 사람들communals은 자신의 정체성을 군중에 들어맞게 하고, 사이트에 참여함으로써 사회적 자본을 개발하는 사람들이다. 이용자들utilizers은 사이트를 통해 개인의 기술을 발전시킴으로써 사회적 자본을 만들어내는 사람들이다. 목표 달성을 추구하는 사람들aspirers은 크라우드소싱 대회에서 콘텐츠 선택을 돕지만 원본 콘텐츠 자체에는 기여하지 않는 사람들이다. 잠복자들lurkers은 단순히 지켜보는 사람들이다.

카자이Gabriella Kazai, 캄프스Jaap Kamps, 밀리츠-프라이링Natasa Milic-Frayling의 2011년 논문은 이와 유사한 접근법을 취한다. 그들은 군중 속 개인들을 업무에 도움이 되지 않는 사람spammer, 업무의 질에 무신경한 사람sloppy, 미숙한 사람incompetent, 유능한 사람competent, 근면한 사람diligent과 같이 다섯 가지 노동자 유형으로 나눈다. 이런 체계는 군중 내 개인별 참여도를 이해하고 다양한 군중으로부터 질 좋은 해결책을 도출하기 위한 경영 기술을 이해할 때 유용하지만, 크라우드소싱이 해결할지도 모르는 문제들보다는 군중 개개인에 더 초점을 맞춘 경향이 있다.

제프 하우는 2008년에 발행된 책 『크라우드소싱: 대중의 창조적 에너지가 비즈니스의 미래를 바꾼다Crowdsourcing: Why the Power of the Crowd Is Driving the Future of Business』에서 군중의 지혜crowd wisdom, 군중의 창조crowd creation, 군중의 투표crowd voting, 군중의

자금 지원crowd funding이라는 다양한 응용 기능에 초점을 맞춘 크라우드소싱의 네 가지 유형을 제안했다. 로스 도슨Ross Dawson 은 닐 데이비Neil Davey와의 2010년도 인터뷰에서 분배된 혁신 플랫폼distributed innovation platforms, 아이디어 플랫폼idea platforms, 혁신 상innovation prizes, 콘텐츠 시장content markets, 예측 시장prediction markets, 경쟁 플랫폼competition platforms이라는 크라우드소싱 의 여섯 가지 기능에 초점을 맞춘 유사한 접근법을 제안했다. 생크Eric Schenk와 기타르Claude Guittard는 2011년 논문에서 단순하 거나, 복잡하거나, 창의적인 업무와 쌍을 이루는 프로세스의 통합적이고 선택적인 기질에 기초해 미묘하게 다른 분류법 을 제안했다. 또한 2011년에 가이거David Geiger, 시도르프Stefan Seedorf, 슐츠Thimo Schulze, 닉커슨Robert C. Nickerson, 샤더Martin Schader 는 여러 차원의 교차점을 바탕으로 개별적 프로세스 유형 19 개를 식별하는 더 크게 확장된 크라우드소싱 분류 시스템을 제안했다.

2011년에 위긴스Andrea Wiggins와 크로스톤Kevin Crowston은 조직 에 참여하는 시민들의 활동이나 목표의 유형에 따라, 인터넷 을 이용하는 진정한 크라우드소싱 프로젝트들로 여겨지는 다 양한 시민 과학 프로젝트를 분류했다. 즉, 중점은 군중에 의해 조직이 해결해야 하는 문제의 유형에 있다. 이러한 문제 중심 측면에서 크라우드소싱이 문제 해결에 가장 잘 적용될 수 있

문제의 유형에 기초한 네 가지 크라우드소싱 방식

종류	작동 방법	문제의 종류	예시
지식 발견과 지식 관리	조직은 군중에게 일반적인 장소나 형식에 맞게 정보를 찾고 수집하는 업무를 부여한다.	공동의 자원을 생성하는 일과 같이 정보를 수집하고 정리하고 문제를 기록하는 일에 가장 알맞다.	Peer-to-patent Peertopatent.org SeeClickFix Seeclickfix.com
광범위 탐색	조직은 군중에게 실증적 문제를 해결하는 업무를 부여한다.	과학적 문제와 같이 실증적으로 증명 가능한 해결책이 있는 아이디어 생산 문제에 가장 알맞다.	InnoCentive Innocentive.com Goldcorp Challenge Defunct
상호 점검 창의적 생산	조직은 군중에게 창의적인 아이디어를 떠올리고 선택하는 업무를 부여한다.	디자인이나 미적 문제처럼 해결책이 시장 지지나 맛에 대한 문제에 있을 때, 아이디어 생성 문제에 가장 알맞다.	Threadless Threadless.com Doritos Crash the Super Bowl Contest Crashthesuperbowl.com Next Stop Design Nextstopdesign.com
분산된 인간 지성 작업	조직은 군중에게 많은 양의 정보를 분석하도록 업무를 부여한다.	인간 지성이 컴퓨터 분석보다 더 효과적이고 영향력 있을 때 큰 범위의 데이터 분석에 가장 알맞다.	Amazon Mechanical Turk mturk.com Subvert and Profit Defunct

도록 문제의 네 가지 유형에 기초한 크라우드소싱 분류법을 제안한다.

해결해야 하는 문제의 유형에 기초한 네 가지 주요 크라우드소싱 방식에는 '지식 발견 및 지식 관리 방식knowledge-discovery and knowledge-management approach', '광범위 탐색 방식broadcast-search approach', '상호 점검 창의적 생산 방식peer-vetted creative production approach', '분산된 인간 지성 작업 방식distributed-human-intelligence tasking approach'이 있다.

'지식 발견 및 지식 관리 방식'에서 온라인 커뮤니티들은 네트워크 안에서 기존 지식을 발견해야 하므로, 조직의 발견 능력을 제한된 자원을 이용해 확장한다. 이 방식은 정리되지 않은 풍부한 지식이 '외부에out there' 존재한다고 가정하며, 하향식 프로세스가 특정 지식을 찾거나 지식을 특정한 방식으로 공공의 저장소에 수집하기 위해 개개인으로 이루어진 커다란 온라인 커뮤니티를 효과적으로 분산시킬 수 있다고 여긴다. 정확히 어떤 정보가 구해져야 하는지, 해당 정보의 목적이 무엇인지, 정보가 어떻게 조합되어야 하는지를 후원 조직이 결정하는 것을 제외하고, 이러한 크라우드소싱 유형은 위키피디아에서 일어나는 집필과 편집처럼 많은 사람이 협력해 일하는 공공재 기반 피어 생산과 유사하다. 이러한 방식에서는 더 많은 사용자가 참여할수록 시스템 기능이 우수하며, 이는 대부분의 참여문화 현상에 적용될 수 있다. 피어 투 페이턴트, 시클릭픽스, 우샤히디는 지식 발견 및 지식 관리 방식이 예인데, 이들은 모두 비슷한 종류의 문제를 해결한다. 피어 투 페이턴트에서 군중은 인터넷을 통해 선행 기술의 사용 증거를 찾아내고, 이를 피어 투 페이턴트 사이트에 올려 특허 출원 문제를 다루도록 한다. 시클릭픽스와 우샤히디는 서로 유사한 방식으로 운영되고, 이들은 군중에게 도시 파손이나 인종 간 충돌 사례를 찾아 일반적인 매핑 인터페이스에 보고한다. 그리고 정부는 도시 자원을 할당하기 위해, 혹은 평화 유지군 배치를 위해 해당 대응 인터페이스를 사용한다.

'광범위 탐색 방식'은 문제의 전문 분야와 직접적인 관련이 없거나, 본업을 조정해 해결책 마련을 위한 시간을 낼 수 있는 한 명의 전문가를 찾는 것을 지향한다. 이론적으로 크라우드소싱 조직은 전문가를 찾기 위해 그물을 던질 것이고, 던지는 그물이 넓으면 넓을수록 회사는 답을 알고 있는 한 사람을 '건초 더미에서 바늘 찾기'와 같이 우연히 발견할 수 있다. 이러한 광범위 탐색 방식은 아직 조직에는 알려지지 않았지만, 실증적으로 입증할 수 있는 올바른 정답이 존재하는 문제에 적합하다. 온라인상에서 열린 방식으로 문제를 널리 알리는 것은 잠재적인 해결책을 이끌어낸다. 새로운 화학 물질이나 재료를 개발하거나 지리 물리학적 데이터를 이용해 광산업을 위한 광물자원을 찾는 것과 같은 과학적인 문제들이 광범위 탐색 방식에 가장 적합하다. 비록 금전적인 보상이 이러한 방식들에 참여하는 군중에게 유일한 동기는 아니겠지만, 일반적으로 '광범위 탐색 방식'에서는 문제를 해결한 개인에게 금전적으로 보상한다. 이노센티브와 골드코프 챌린지는 어려운 퍼즐 문제들에 대한 과학적인 해결 방법을 찾기 위해 온라인상에 넓은 그물을 던짐으로써 광범위 탐색 방식을 이용한다.

'상호 점검 창의적 생산 방식'으로 고안된 상품의 창조적인 단계는 인터넷 사용자들의 네트워크에 공개된다. 그들은 뛰어난 아이디어를 포함한 제출물들을 쏟아낸다. 상호 점검 과정은 가장 좋은 아이디어를 식별하는 동시에, 기업과 소비자의 공동창조cocreation 사례를 만들면서 시장 조사 프로세스를 단축한다. 즉, '좋은' 해결책이 곧 시장에서 원하는 대중적인 해결책이 되는 시스템이다. 미적이거나 디자인적인 문제와 같이 맛이나 사용자 선호도 문제를 해결할 때 상호 점검 창조적 생산 방식이 적합하다. 여기에 해당하는 예로는 스레드리스, 넥스트 스탑 디자인, 사용자가 광고를 만드는 대회인 도리토스 크래시 더 슈퍼볼이 있다. 이들은 군중이 상품, 미디어 콘텐츠, 물리적 공간의 디자인에 대해 창의적인 아이디어를 찾아내는 관념화 프로세스이다. 군중은 상품이나 미디어 콘텐츠 또는 공간의 최종 사용자이기 때문에 가장 좋은 아이디어를 선택하는 능력이 있다.

마지막으로, '분산된 인간 지성 작업 방식'은 데이터에 대한 코퍼스corpus(자연언어를 연구할 때 언어의 표본을 추출한 결과물. 말뭉치라고도 하며 컴퓨터를 이용한 형태소 분석, 통계 분석 및 가설 검증 등에 사용된다 — 옮긴이)가 알려져 있는 경우와, 문제를 설계하거나 정보를 찾거나 해결 방법을 개발하는 문제가 아닌 단순히 데이터를 처리하는 문제일 때 적절하다. 이는 여분의 연산 주기를 인간이 수행하는 짧은 노동 주기로 대체하는 것을 제외하고는 세티 앳 홈SETI@home이나 로제타 앳 홈Rosetta@home과 같은 대규모의 분산 컴퓨팅 프로젝트들과 비슷하다. 대규모 데이터 문제들은 인간의 지적 능력이 있어야 하는 작은 단위의 작업으로 쪼개어지고, 집단에 속한 개개인은 비트 단위의 데이터를 처리한 후 보상을 받는다. 이러한 크라우드소싱 방식은 확실히 집단에 속한 개개인의 창의적이며 지적인 부분을 최소한으로 요구하기 때문에 보통 금전적인 보상이 참여 동기가 된다. 분산된 인간 지성 작업 방식의 예로 아마존의 메커니컬 터크와 서버트 앤 프로핏이 있다. 각 서비스는 인터넷을 통해 작업자 커뮤니티가 작은 단위의 일들을 공개적으로 분배할 수 있도록 한다.

학제 간의 경계

크라우드소싱 관련 연구는 다양한 학문 분야에서 꽃을 피우고 있으며, 각각의 분야에서는 다른 각도로 크라우드소싱이라는 주제에 접근해왔다. 이렇게 너무 많은 접근 방법은 크라우드소싱 연구란 무엇인가에 대해 일부 혼란과 갈등을 일으켜왔지만, 이 연구 흐름은 통합되기 시작했다. 학문적 분야들은 주어진 학문적 담화에 대한 오래된 이론, 문제, 논쟁에 관해 이야기하는 크라우드소싱의 일부 측면에만 집중하는 경향이 있었다.

예를 들면, 현재까지 크라우드소싱과 관련된 컴퓨팅 연구는 크게 크라우드소싱 시스템의 디자인과 크라우드소싱 시스템의 기술적 측면에 집중해왔다. 컴퓨팅과 관련된 일부 연구는 현존하는 크라우드소싱 시스템의 성능을 평가하고, 일부 연구는 다양한 크라우드소싱 활용을 위한 가상의 시스템이나 모델을 제안한다. 다른 나머지 연구들은 새로운 응용프로그램의 연구 결과 또는 학자들이나 전문가들이 설계하고, 제작하고, 검증한 기존 크라우드소싱 시스템의 수정 사항을 보고한다. 크라우드소싱과 관련된 연구의 가장 핵심은 컴퓨팅 분야에서 수행되고 있다. 컴퓨팅 분야 크라우드소싱에 대한 방대한 연구는 이 분야의 간결한 논문, 콘퍼런스 논문을 공식 기록물로 발행하거나 온라인상에서 빠르게 이용할 수 있게 하는 경향을 보면 알 수 있다. 컴퓨팅 분야 콘퍼런스와 워크숍 주제가 크라우드소싱으로 많이 설정되었다는 사실과, 이를 통해 많은 연구자가 다른 사람들과 크라우드소싱에 대해 논의할 수 있게 되었다는 점도 이를 뒷받침한다. 이러한 콘퍼런스들은 엔터프라이즈 크라우드소싱 플랫폼인 크라우드플라워CrowdFlower가 후원하는 크라우드소싱 콘퍼런스CrowdConf뿐만 아니라 웹 공학 국제 컨퍼런스International Conference on Web Engineering의 일부인 산업 크라우드소싱 국제 워크샵International Workshop on Enterprise Crowdsourcing을 포함한다. IBM 연구소와 HP 연구소 같은 인터넷 기술 연구 법인 회사들도 컴퓨팅 관점의 크라우드소싱 연구에 적극적이다.

하지만 컴퓨팅 분야에서 크라우드소싱 연구의 상당 부분을 가장 잘 설명해주는 것은 일반적으로 분산 컴퓨팅과 인터넷에 대한 수십 년간의 연구일 것이다. 컴퓨팅 분야에서는 이미 이와 같은 종류의 작업을 진행한 선례와 추진력을 가지고 있으며, 분산적인 동시에 집단적인 크라우드소싱 방식에서 발생하는 문제에 관해 생각하는 법을 알고 있다. 간략히 말해서, 분산 컴퓨팅이란 연산 문제를 작은 단위로 나누어 네트워크상의 다른 컴퓨터들로 분배하는 기법이다. 특히 한 대의 컴퓨터가 빠르게 해결하기 힘든 특히 큰 연산 문제를 고려해볼 때, 이런 상황에서는 문제를 작은 단위로 나누고 공유 네트워크를 이용해 서로 통신하는 각각의 컴퓨터로 작업을 할당하는 방법이 합리적이다. 이는 본질적으로 분배 방식을 이용해 컴퓨터의 처리 능력을 증폭시키고 큰 규모의 연산 문제를 적정 시간 내에 풀 수 있도록 한다. 상대적으로 잘 알려진 분산 컴퓨팅의 예로는 세티 앳 홈 프로젝트가 있다. 이 프로젝트에서는 아레시보Arecibo 전파 망원경에서 생성된 대용량 데이터가 작은 단위의 작업으로 나누어져 인터넷을 통해 자발적 참여자들에게 분배된다. 참여자들의 개인 컴퓨터는 우주에서의 외계 통신 증거를 증명할 수 있는 패턴이나 다른 특징들을 찾아내는 알고리즘으로 이 데이터를 처리한다. 발견된 특징들은 네트워크를 통해 세티 앳 홈 프로젝트 컴퓨터로 다시 전달된다. 아레시보 전파 망원경의 방대한 데이터 세트를 인터넷을 통해 개인 컴퓨터가 처리할 수 있을 정도로 충분히 작은 단위로 나누어주는 작업은 외계 생명체를 찾는 세티 앳 홈 프로젝트에 도움이 된다.

세티 앳 홈 프로젝트 및 기타 분산 컴퓨팅 프로젝트에서는 방대한 네트워크에 연결된 개인 컴퓨터들이 자발적 참여자가 내려받은 소프트웨어 프로그램을 이용해 자동으로 데이터를 처리한다. 그러나 모든 컴퓨팅 작업이 알고리즘에 의해 효율적으로 처리되는 것은 아니므로 가끔은 데이터를 처리하기 위해 인간의 지적 능력이 필요하다. 만약 방대한 사진 묶음과 관련된 내용으로 태그를 붙이는 작업이 있다면, 현존하는 알고리즘은 효율적으로 사진의 사이즈와 두드러진 색상, 사진에 존재하는 사람의 수까지도 알아낼 수 있다. 그러나 어떤 사람이 상자를 연 채 들고 있는 피자 사진에 '베지테리언 피자'나 '페퍼로니 피자'라는 태그를 쉽게 붙일 수 있는 알고리즘을 찾긴 어려울 것이다. 이러한 종류의 태깅을 자동화하기 위해 사용자 지정 코드를 쓰는 것 역시 합리적이지 않을 것이다. 이와 같은 상황에서 인간은 사진 속의 피자 토핑을 쉽고 빠르게 알아낼 수 있고 이미지에 적절한 태그를 달 수 있다. 분산 컴퓨팅에서 문제를 쪼개는 방법을 취하고 네트워크를 통해 컴퓨터를 인간으로 대체하는 것은 2008년 루이스 본 안Luis von Ahn이 '휴먼 컴퓨테이션human computation'이라 명명한 컴퓨터와 인간을 결합한 프로세스를 만들어냈다. 인간의 지적 능력이 있어야 하는 거대한 데이터 세트는 오직 연산만을 이용해 방대한 데이터 세트를 처리하는 분산 컴퓨팅 방식과 상당히 유사한 방식의 휴먼 컴퓨테이션을 통해 처리될 수 있다. 크라우드소싱의 분산 인간 지성 작업 유형과 휴먼 컴퓨테이션은 같은 개념이다. 컴퓨팅 관점에서의 크라우드소싱 연구는 분산 컴퓨팅, 휴먼 컴퓨테이션, 크라우드소싱의 이론이나 전문용어들을 혼합했다. 그러나 컴퓨팅 분야에서 크라우드소싱에 관한 작업 대부분은 다른 분야의 유사한 연구와는 상당히 단절된 사일로silo에서 이루어졌다.

컴퓨팅 분야에서 크라우드소싱 연구는 탄탄하게 이루어져 왔다. 이러한 수준 높은 일부 연구 활동은 컴퓨팅이 디자인,

행동, 설계의 분야라는 사실에서 기인한다. 거의 모든 컴퓨터 과학자들이 어떻게 프로그램을 짜는지 아는 것과 유사하다. 기존 크라우드소싱 플랫폼을 시험하거나, 기존 플랫폼에 추가하거나, 새로운 플랫폼을 구축하는 것에 관심 있는 컴퓨터 과학자들은 보통 이러한 일들을 하기 위한 준비가 되어 있다. 즉, 자신의 이론에서 새로운 크라우드소싱 방식을 생각하는 컴퓨터 과학자들은 실질적으로 그 방식에 대해 그들이 생각해 낸 아이디어를 창조하고 연구할 수 있다. 그리고 컴퓨팅 세계에서 코드를 공유하는 오픈소스 문화는 컴퓨팅 분야의 학자들이 만들고 연구하는 반복 순환을 가속화시킨다.

사업적인 관점에서 크라우드소싱 관련 연구는 혁신, 수익성, 효율성 면에서 크라우드소싱 활용 성과에 집중하고 있으며, 기업 운영에 크라우드소싱을 흡수시키기 위한 전략적·관리적 차원에도 초점을 맞추고 있다. 혁신과 문제 해결, 특히 사업 관리 부분에서 지난 수년간 번창해온 개방형 혁신과 리드 유저 혁신에 대한 크라우드소싱의 성과 연구는 학문적 담론을 활발하게 만든다. 경영학자들은 주로 수익을 창출하고, 노동 또는 생산 비용을 줄이고, 조직을 위한 새로운 제품과 아이디어를 혁신하는 능력을 알아보기 위해 크라우드소싱을 연구한다. 군중을 참여시키기 위한 동기와 보상을 이해하는 것도 이러한 연구의 일환이며, 크라우드소싱을 포함하거나 전적으로 크라우드소싱에 기반을 둔 특정 비즈니스에 대한 수많은 사례 연구가 있다.

컴퓨팅과 경영 분야에서의 크라우드소싱 연구는 가끔 크라우드소싱이라는 단어를 사용하는 것을 기피한다. 예를 들어 컴퓨팅과 경영 분야에서 각각 크라우드소싱을 연구하는 명망 높은 학자인 루이스 본 안과 카림 라카니는 연구에 크라우드소싱이라는 용어를 사용하는 것을 선호하지 않는다. 본 안은 크라우드소싱이라는 용어가 만들어지기 전부터 그가 오랜 기간 사용해왔던 '휴먼 컴퓨테이션'이라는 용어를 선호하며, 라카니는 크라우드소싱을 노동력을 유도하고 문제 해결 능력을 도출하기 위해 매우 다른 관습이나 형식을 융합하는 것으로 보기 때문에 '혁신innovation' 혹은 '분배된 혁신distributed innovation'이라는 용어를 더 많이 사용한다. 크라우드소싱이라는 용어에 대한 이러한 거부는 크라우드소싱 저항을 둘러싼 통합된 학술 담론을 만든다. 이 책의 목표 중 하나는 이러한 부분까지 하나로 합치는 것이다.

사회과학 연구는 크라우드소싱의 인간적 차원에 초점을 맞추는데, 주로 어떤 군중이, 어떻게, 왜 크라우드소싱에 참여하는지에 관심을 둔다. 이 연구는 노동력 착취와 윤리적 문제뿐 아니라 크라우드소싱 활용에 참여하는 동기도 조사한다. 또한 크라우드소싱 관련 사회과학 연구는 아마추어주의나 전문화와 관련된 질문, 그리고 인구통계학적 문제, 정보 격차 문제 등에 초점을 맞춘 군중의 구성도 조사한다. 인터뷰, 사례 연구, 설문 조사는 이러한 연구 방향에서 활용되는 가장 일반적인 방법들이다. 군중 참여 유도에 관한 연구는 아마도 크라우드소싱 연구 가운데 학제 간interdisciplinary의 논의가 가장 필요한 부분일 것이다. 이 연구는 사회과학자, 경영학자, 컴퓨팅 연구가들을 아우른다. 군중 참여 유도와 관련된 논문 인용은 학제 간의 경계를 넘나드는 경향이 있지만, 학제 간 존재하는 좀 더 깊은 존재론적·인식론적인 차이로 인해 크라우드소싱과 관련된 이론의 구성은 학제 간의 경계를 뛰어넘기 어렵다.

다양하게 응용되는 전문 분야들도 특정 산업과 상황에 맞는 크라우드소싱 활용에 초점을 맞춰왔다. 이러한 전문 분야로는 도시계획, 행정, 간호 및 의료, 저널리즘, 국가 안보, 도서관학 등이 있다. 이 분야의 일부 연구는 추측에 근거해 주어진 산업에서 새로운 크라우드소싱 활용을 제안하지만, 그 밖의 다른 연구들은 실제 크라우드소싱 사례에 대한 결과를 보고한다.

경영에서의 약속

어떤 크라우드소싱 활용에서든 조직은 군중의 아이디어가

나중에 조직의 사업에 어떻게 영향을 미칠지 군중에게 정확히 전달할 필요가 있다. 크라우드소싱을 활용하는 조직이 생각해야 할 부분에는 경영상의 약속을 정하고, 경영 관리 실행 수준을 결정하는 것도 포함된다. 크라우드소싱 사업을 시작하기 전, 또는 사업을 하는 과정에서 조직은 군중이 주는 지식을 정책에 반영하거나 자문 활동에 반영해야 한다.

크라우드소싱을 정책으로 활용할 때, 조직은 직접적이고 실행 가능한 방식으로 군중의 지식을 이용하겠다는 약속과 함께 크라우드소싱 활용을 시작한다. 정부 기관이 순수한 정책 공약을 수용함으로써 얻는 이점은 군중이 자신들의 진지한 공공 참여 활동에 대해 신뢰받고 있다는 것을 알게 된다는 것이다. 이는 크라우드소싱 활동에 참여하는 데 동기를 부여할지도 모른다. 그러나 만약 이 조직이 크라우드소싱의 결과에 만족하지 못한다면 그 약속을 철회할 것이고 크라우드소싱 아이디어를 얻기 위해 한 약속을 어김으로써 군중에게는 실망감을 안겨주게 될 것이다. 이것이 정책 약속의 단점이다.

크라우드소싱을 자문으로 활용할 때, 조직은 군중 구성원의 아이디어를 사용하는 것에 대해 어떠한 약속도 하지 않는다. 오히려 크라우드소싱 활동의 결과들이 실제 정책, 생산, 혹은 사업 운영에 포함될 수도 있고, 그렇지 않을 수도 있다고 명시한다. 이 방법은 조직이 아무것도 책임질 필요 없이 군중으로부터 아이디어를 얻을 수 있다는 장점이 있지만, 조직이 자신들의 아이디어를 진지하게 받아들이지 않는다고 느낀 군중이 크라우드소싱 활용에 참여하지 않을 수 있다는 단점이 있다.

크라우드소싱을 정책과 자문의 중간 단계에서 활용하는 것이 크라우드소싱 사업에 더 합리적인 듯 하다. 예를 들어, 상호 점검 창의적 생산 방식의 크라우드소싱 디자인 대회에서 조직은 군중의 의견을 받아 상위 다섯 개의 디자인을 결정할 수도 있지만, 다섯 개의 디자인 중 어떤 것을 생산할지 선택할 수 있는 권한도 가지고 있다. 또는 조직이 상위 다섯 개의 디자인을 선택하고 그중에서 가장 많은 투표를 받은 하나의 디자인을 선택할 수도 있다. 시민, 조직 대표, 해당 분야 전문가들을 매일 패널로 지명해 우승 디자인을 선택하게 하는 것은 조직을 위한 또 다른 중립적인 방법이다. 이러한 방법들을 병행한다면 상위 다섯 개 디자인을 군중에게 선택하게 하고, 대표들 중에서 무작위로 선출된 패널이 우승자를 결정하게 될 것이다. 크라우드소싱의 정책과 자문 활용에서 약속의 수준이 무엇이든 크라우드소싱 조직은 미래에 이 군중이 조직의 다른 활동에 참여할 의욕을 잃지 않도록 크라우드소싱 사업을 착수할 때 내걸었던 약속들을 지킬 필요가 있다.

3

크라우드소싱에서의
이슈들

❖

학자들은 군중이 어떻게, 왜 크라우드소싱 활동에 참여하는지부터, 크라우드소싱을 통한 노동과 착취에서 어떤 윤리적인 문제가 발생하는지까지 크라우드소싱 과정의 다양한 측면을 탐구해왔다. 크라우드소싱을 둘러싼 학술적인 이슈와 논쟁 중 가장 자주 언급되는 일부 논쟁이 아래에서 다뤄진다.

군중을 움직이게 하는 것

크라우드소싱에 참여하는 모든 개개인은 어떠한 방법으로든 참여하도록 동기를 부여받는다. 따라서 효과적인 크라우드소싱 애플리케이션들을 설계하기 위해서는 군중이 어떻게, 왜 크라우드소싱에 참여하는지 이해할 필요가 있다. 크라우드소싱에 참여하게 되는 동기는 블로그를 시작하거나 오픈소스 소프트웨어를 만들거나 유튜브에 영상을 올리거나 위키피디아에 참여하거나 플리커에 있는 콘텐츠에 태그를 달 때의 동기와 크게 다르지 않다.

동기부여와 관련된 논쟁에 대해서 일반적인 심리학 관점 중 일부는 실용적인 체계를 제공한다. 에드워드 데시Edward L. Deci와 리처드 라이언Richard M. Ryan은 그들의 자기 결정 이론에서 내재적 동기와 외재적 동기를 구분한다. 그들에 따르면 "내재적 동기는 어떤 뚜렷한 결과물보다 내적인 만족을 위해 행동하는 것으로 정의할 수 있다". 외재적 동기는 "뚜렷한 결과물을 얻기 위해 행동할 때와 연관된다". 즐거움, 도전과 같은 내재적 동기들과 금전적 보상, 명성, 사회적 압력과 같은 외재적 동기들이 상호작용할 때 외재적 보상들은 내재적 동기를 약화시키는 경향을 보인다. 참여자들은 다양한 이유로 인해 내재적으로나 외재적으로 동기부여를 받아 활동에 참여할 것이다. 예를 들어 하이차오 정Haichao Zheng, 다후이 리Dahui Li, 원화 우Wenhua Hou는 중국의 크라우드소싱 커뮤니티인 태스큰닷컴Taskcn.com에서 군중을 상대로 한 설문 조사를 통해, 사이트에 참여하도록 유도할 때 내재적 동기가 외재적 동기보다 더 중요하다는 사실을 발견했다. 로그스타디우스Jakob Rogstadius, 코스타코스Vassilis Kostakos, Aniket Kittur, 스머스Boris Smus, 러레이도Jim Laredo, 부코비치Maja Vukovic가 아마존 메커니컬 터크에 대해 진행한 연구에 따르면 내재적 동기를 가지고 참여한 군중이 만들어낸 결과물의 수준이 외재적 동기를 가지고 참여한 사람들의 결과물 수준보다 더 높다는 결과가 나왔다.

데이비드 노케David Knoke와 크리스틴 라이트이삭Christine Wright-Isak은 동기부여를 이해하기 위해 데시와 라이언이 제안했던 내재적 동기와 외재적 동기의 구분을 바탕으로 '합리적 동기, 규범적 동기, 정서적 동기'라는 세 가지 범주를 제시한다. 제임스 페리James L. Perry와 로이스 레카시노 와이즈Lois Recascino Wise는 노케와 라이트이삭의 구분법을 아래와 같이 정리한다.

'합리적 동기'는 개인의 효용성 극대화를 바탕으로 한 행동을 포함한다. '규범적 동기'는 규범을 준수하려는 노력으로 발생하는 행동을 의미한다. '정서적 동기'는 다양한 사회적 상황들에 대한 감정적인 반응에 근거를 둔 행동 유발 요인을 의미한다.

데시와 라이언의 이론과 노케와 라이트이삭의 이론을 종합해볼 때, 우리는 동기부여 요인(내부로부터 기인하는 내부적 동기와 외부로부터 오는 외재적 동기)과 동기 유발의 심리적인 차원을 이해하기 위해 중요한 내재적 요구를 충족시키는 방법(합리적 동기, 규범적 동기, 정서적 동기) 모두를 볼 수 있다.

심리적 동기를 부여하는 항목들은 많은 연구와, 여러 문맥, 다양한 학문 사이에 걸쳐서 운용될 수 있도록 만들어졌다. 통신과 컴퓨팅 관련 학문에서의 탄탄한 연구 프로그램은 오픈소스 소프트웨어 참여와 사용자 제작 콘텐츠User-Generated Content 를 창조하는 상황 속에서, 이용과 충족U&G 이론을 배경으로 개발되었다. 이용과 충족 이론은 분명한 만족감을 추구하는 동시에 다양한 매체에 관여하는 청중 행동을 가정한다. 1970 년대 이론적 완성도를 더한 이래로, 이용과 충족 이론은 커뮤 니케이션 분야와 다른 분야에서 수행된 수백 개의 연구들을 바탕으로 발전해왔다.

이용과 충족 연구를 수행하는 연구원들은 개개인의 미디어 사용과 미디어 생산을 다수의 설문 조사, 인터뷰, 관찰, 실험 을 통해 분류하며, 개인들이 미디어를 이용하는 방법과 이유 를 설명하는 광범위한 유형 분류법을 연구한다. 논리 정연한 이론 구축이나 심리적인 동기를 부여하는 항목 간의 관련성을 강조하는 것보다 서술적인 유형 분류법을 강조하는 것이 이용 과 충족 이론에 대한 주된 비평 가운데 하나이다. 그런데도 이 용과 충족 유형 분류법은 새로운 미디어 기술이나 기법 발전 의 초기 단계에 중요하게 작용한다. 사회에서, 혹은 개인의 삶 속에서 기술의 역할을 이해하기 위해 학자들은 가장 먼저 기 본적인 사용 습관들을 항목화해야 하기 때문이다. 기술이 발 전하고 기술의 사회적 영향력을 이해하기가 쉬워짐에 따라 이 는 더 정교한 연구와 이론 구축을 위한 장을 마련하는 데 도움 을 준다. 해럴드 도티D. Harold Doty와 윌리엄 글리크William H. Glick

역시 유형 분류법의 일반적인 이론적 유용성에 대해 1994년 논문에서 언급했다.

지난 10년 동안 오픈소스 소프트웨어와 사용자 제작 콘텐츠 창조 동기에 관한 연구는 이러한 유형 분류법을 잘 보여주었다. 헨리 젱킨스는 참여문화의 구성원들이 "자신이 기여하고 있다는 것을 믿는 동시에 타인과의 사회적 유대를 어느 정도 느낀다"라고 말한다. 블로거들이 블로그를 운영할 때 "감정을 쏟아내는 즐거움pouring out feelings" 다음으로 "사람 사이의 유대감connecting with people"을 가장 가치 있는 보상이라고 여긴다는 쑤운 류Su-Houn Liu, 쑤이리 랴오Hsui-Li Liao, 위안타이 쩡Yuan-Tai Zeng의 연구가 이를 뒷받침한다. 블로거들과 소셜 미디어에 참가하는 참여자는 자신을 표현하는 것과, 매개 공간에서 자신이 표현한 것을 다른 사람이 보는 것을 중요하게 여긴다.

일부 연구에서는 참여문화에 속해 있는 개인들은 또래 집단이 자신의 콘텐츠를 소비하거나 중요하게 여기고 있을 때 동기부여를 받아 콘텐츠를 다양한 소셜 미디어 사이트에 올릴 가능성이 더 높다고 밝힌다. 예를 들어 브로조스키Michael J. Brzozowski, 산드홀름Thomas Sandholm, 호그Tad Hogg는 대기업 내부 소셜 미디어 공간에서 개인은 그들이 올린 콘텐츠를 다른 동료들이 가치 매겨줄 때 더 지속해서 참여한다고 언급했다. 후버만Bernardo A. Huberman, 로메로Daniel M. Romero, 팡 우Fang Wu는 유튜브 회원들이 유튜브 사이트에 영상을 올리고 이후에도 계속해서 올리도록 하는 동기에 대해서 유사한 현상이 확인된다고 언급했다. 후버만, 팡 우, 윌킨슨Dennis M.Wilkinson은 다른 사람의 시선을 끌고 또래 집단의 인정을 받는 이러한 중요한 과정들을 '피드백 순환feedback loops'이라고 부른다. 개인들 역시 소셜미디어 참여 과정에서 일종의 순수한 즐거움을 찾는다. 오디드 노브Oded Nov는 위키피디아에 기여하는 사람들을 대상으로 한 설문 조사와 오디드 노브, 모르 나먼Mor Naaman, 천 예Chen Ye 가 플리커 사이트의 사진 공유에서 콘텐츠 태깅 연구에서 개인들은 사회적으로 다른 이들과 함께 참여를 체험하는 기회를 가져야만 한다는 사실을 발견했다. 재미, 유대감, 또래 집단의 피드백이 참여 지속의 동기라는 사실이 일부 참여문화 연구에서 나타난다.

오픈소스 소프트웨어 참여의 동기부여와 관련된 일부 연구는 즐거움이 취미 활동의 주된 동기일 거라는 리누스 토르발스Linus Torvalds(오픈소스를 시작한 사람이자 리눅스Linux의 설립자)의 예측을 뒷받침한다. 토르발스가 온라인 학술지 ≪퍼스트 먼데이First Monday≫의 리샵 아이에르 고시Rishab Aiyer Ghosh와의 인터뷰에서 언급한 바와 같이 "대부분의 좋은 프로그래머들은 돈을 받는 것이나 대중의 찬사를 받는 일에 대한 기대가 아니라, 프로그래밍을 하는 일을 즐기기 때문에 프로그래밍을 한다".

카림 라카니Karim R.Lakhani와 로버트 울프Robert G.Wolf는 오픈소스 프로그래밍의 개인적 동기부여에 관한 많은 이론에서 외재적 보상들(예: 승진의 기회)이 우위에 있다고 밝히고 있긴 하지만, 사실 내재적 동기들(예: 자신의 능력을 쌓고 어려운 코딩 문제들을 해결하면서 얻는 즐거움)이 더욱 중요하다고 지적한다. 이러한 즐거움과 자아성취에 대한 강조는 소셜 미디어의 동기부여와 관련된 다른 많은 연구에서 널리 공감을 불러일으킨다.

디지털 현상에 관한 이러한 모든 동기부여 연구는 크라우드소싱에도 적용된다. 다양한 크라우드소싱 사이트에서 군중에 소속된 개개인의 참여 이유를 설명하기 위해 여러 인터뷰와 설문 조사를 진행했다. 이러한 연구들은 사람들이 참여하는 데에는 내재적으로나 외재적으로 많은 공통의 이유가 있지만, 모든 크라우드소싱 활용에 적용될 수 있는 특별한 단 하나의 동기는 존재하지 않는다는 것을 보여준다. 예를 들어 자신의 창작 능력을 개발하고, 향후 취업을 위한 경력을 만들고, 어려운 문제를 풀기 위해 자기 자신에게 도전하는 것이 여러 크라우드소싱 사례에서 나타난 동기들이다. 하지만 일부 군중은 금전적 이익에 의해 움직이며, 이러한 내재적 동기를 언급하지 않는다.

군중의 참여 동기에 대한 세 가지 양적 설문 조사는 돈을 벌기 위한 합리적·외부적 기회나 그 밖에 다른 동기들이 어떻게 군중의 크라우드소싱 참여를 이끄는지를 설명하는 부분적인 그림을 그려준다. 필자는 저작권을 가지고 있는 사진과 삽화를 제공하는 크라우드소싱 회사인 아이스톡포토의 온라인 커뮤니티에 대한 연구에서, '돈을 벌기 위해'나 '창의적인 능력을 개발하기 위해'라는 참여 동기가 다른 이타적인 동기들보다 높다는 사실을 발견했다. 이것은 친구들이나 다른 창의적 사람들과 인적 네트워크를 형성하고자 하는 욕구를 능가했다. 크라우드소싱 연구 개발 회사인 이노센티브에서 라카니, 예페센Lars Bo Jeppesen, 로스Peter A.Lohse, 패네타Jill A.Panetta 는 사이트에서 해결자로서 성공하는 것과 내재적 동기(문제 해결을 즐기고 어려운 문제를 타파하는 것과 같은) 및 금전적 보상이 상당히 밀접한 관계가 있다는 사실을 발견했다.

카트리 리엣살라Katri Lietsala, 아테 주센Atte Joutsen은 핀란드 군중이 만든 영화 〈스타 레크: 필키닝Star Wreck: In the Pirkinning〉의 제작에 기여한 참여자들이 금전적 이익을 얻기 위해서가 아니라 다른 이타적 이유로 영화 제작에 참여했다는 사실을 발견했다. 제작에 참여한 군중은 영화 제작이 즐거운 시간을 보내기에 좋고, 다른 사람들과 지식이나 능력을 공유하기에도 좋다고 생각했다. 하지만 필자가 스레드리스의 온라인 커뮤니티를 통해 진행한 온라인 인터뷰에서는 금전적 이익을 얻을 수 있다는 점, 창의적인 능력들을 개발할 수 있다는 점, 프리랜서 일을 찾을 수 있다는 점, 스레드리스 커뮤니티에 대한 애정과 중독 등이 참여의 주된 동기인 것으로 나타났다.

마지막으로, 크라우드소싱 대중교통 기획 사례인 넥스트 스탑 디자인에서는 승진, 또래 집단의 인정, 공동 협력에 대한 공헌, 자아 표현, 재미, 새로운 능력의 학습, 웹사이트에 대한 낮은 진입 장벽 등 모든 요소가 참여를 위한 중요한 동기로 드러났다.

이러한 연구들은 크라우드소싱에 참여하는 개인들이 아래의 동기들을 가진다는 사실을 시사한다.

- 돈을 벌기 위해
- 창의적인 능력을 개발하기 위해
- 다른 창의적인 전문가들과 인적 네트워크를 형성하기 위해
- 향후 취업을 위한 이력을 쌓기 위해
- 어려운 문제를 풀어내는 것으로 스스로에게 도전하기 위해
- 사람들과 사귀고 친구들을 만들기 위해
- 지루할 때 시간을 보내기 위해
- 공동의 이익을 위한 대형 프로젝트에 기여하기 위해
- 다른 사람들과 공유하기 위해
- 즐거움을 위해

아마추어 군중에 대한 근거 없는 믿음

크라우드소싱은 초창기부터 아마추어주의와 연관되어 있었다. 제프 하우의 2006년 논문과 그에 첨부된 "새로운 노동력 원천의 다섯 가지 규칙들Five Rules of the New Labor Pool"에는 아마추어라는 단어가 세 차례 사용되었다. 하우는 크라우드소싱이라는 유행어에 아마추어의 이미지를 묶은 《와이어드》에 실린 자신의 논문「크라우드소싱: 아마추어의 성장에 대한 탐색Crowdsourcing: Tracking the Rise of the Amateur」에서 제목을 따온 연관 블로그도 시작했다. 이후 그는 저서 『크라우드소싱』에서 크라우드소싱의 아마추어주의에 대해 더욱 정교한 주장을 펼쳤다. 하우는 책에서 크라우드소싱 활용에 참여하는 개인들은 대개 교양 교육liberal arts education의 산물로서, 많은 재능과 창의적인 관심이 있다고 말한다. 하우에 따르면 그들은 자신이 후기 자본주의에서 점점 특화된 작업 세계에 살고 있다는 것을 발견하고, 아직 사용하지 않은 스스로의 재능을 계발하기 위한 방법으로 크라우드소싱을 활용한다. 그들의 본업이 그들이 참여하는 온라인상의 창의적인 활동과 일치하지 않는다는 점에서 하우는 이렇게 크라우드소싱에 참여하는 사람들을 아마추어라고 부른다.

군중이 아마추어로 구성되어 있다는 가정이 계속해서 언론에 퍼지고 있지만, 이러한 가정은 사실로 드러나지 않았거나, 크라우드소싱에 대한 실증적 연구에서는 입증되지 않는 듯하다. 빌리 페더라이Billy Federighi와 브렛 스나이더Brett Snider의 작품인 〈쥐덫Mousetrap〉은 2007년 도리토스 크래시 더 슈퍼볼 광고 공모에서의 최종 후보로 선정되었고, 슈퍼볼 기간에 TV 광고로 방송되었다. 광고를 만들었을 당시, 그들은 할리우드에서 영화를 배우는 학생들이었고, 전문적인 수준의 TV 프로그램을 만드는 데 필요한 훈련과 장비를 이용할 수 있었다. 그들은 이미 2006년 컨버스Converse의 TV 광고를 만들었다. 이와 유사하게 부르스 호로비츠Bruce Horovitz와의 ≪USA 투데이≫ 인터뷰에서 자기 자신들을 "어디에서 왔는지 모르는 두 명의 보잘것없는 사람"이라 불렀던 허버트Herbert 형제는 2009년 크래시 더 슈퍼볼 콘테스트의 우승자들이었다. 직장이 없던 허버트 형제가 무일푼에서 부자가 되었다는 과장된 말이 나왔지만, 그들의 우승 작품인 〈프리 도리토스Free Doritos〉는 미디어 전문가들을 포함한 팀원 24명의 도움으로 만들어졌다.

아이스톡포토와 스레드리스 또한 아마추어라는 꼬리표에 맞지 않는 것처럼 보인다. 하우는 ≪와이어드≫에 쓴 글에서 크라우드소싱 회사이자 스톡 포토를 만드는 회사인 아이스톡포토에 대해 주부, 학생, 엔지니어, 무용수와 같은 아마추어 사진작가들의 작품을 위한 시장이라고 찬사했다. 그럼에도 아이스톡포토는 대개 전문적인 저작권을 가지고 있는 사진을 제공하는 사진작가들이 작품을 팔기 위해 차선책으로 고려하는 시장인 것처럼 보인다. 2007년 651명의 아이스톡포토 사용자를 대상으로 한 설문 조사에서, 자신의 창의적인 재능을 가장 정확하게 묘사하는 용어로 47%의 참여자가 '전문가professional'를 꼽았다. 그다음으로는 23%의 참여자가 '애호가hobbist'라는 용어를 선택했으며, 14%의 참여자만이 '아마추어'라는 용어를 선택했다. 이와 더불어 설문 조사에 참여했던 아이스톡포토 사용자의 58%가 예술, 디자인, 사진, 혹은 창조적인 분야에서 적어도 1년의 정규 교육을 받았으며, 4분의 1 이상에 해당하는 26%가 5년 이상의 교육을 받았고, 44%가 5년 이상 보수를 받아온 예술 분야 경험을 가지고 있었다.

크라우드소싱 의류 회사인 스레드리스에서 일부 우승 디자이너들은 스레드리스 커뮤니티의 구성원들과 인터뷰를 진행해왔고, 이는 스레드리스의 웹사이트에 게재되었다. 이 디자이너들은 다수의 스레드리스 공모에서 우승했으며, 자신만의 탄탄한 프리랜서 디자인 경력을 가지고 있다. 이들은 조직적인 디자인 커뮤니티에 속해 있고, 그래픽 디자인이나 웹디자인 회사 혹은 광고 회사에서 창의적인 역할을 맡아 일하고 있다. 동기부여에 대한 논의에서 언급한 바와 같이, 스레드리스 커뮤니티 구성원들의 인터뷰를 통해 해당 웹사이트에 참여하는 주된 동기 다섯 가지 중에 두 가지가 '금전적 이익을 얻기 위한 기회'와 '궁극적으로 프리랜서 일을 하기 위해서'라는 점을 발견했다. 대부분의 스레드리스 우승 디자이너는 실제로 아마추어인 것 같다.

크라우드소싱을 이용한 과학 연구 개발 회사인 이노센티브 또한 '아마추어 과학자들'이나 '차고 과학자들'이 주요 기업의 연구실 직원들을 좌절시켜온 어려운 화학, 공학, 생물학적 퍼즐을 풀어볼 수 있는 공간으로 자주 언급된다. 이는 낭만적이지만 잘못된 생각이다. 320명의 이노센티브 '해결자' 커뮤니티 참여자들을 대상으로 한 설문 조사 결과, 카림 라카니와 동료들은 이 해결자들에게 뛰어난 자격이 있었다는 사실을 발견했다. 해결자들의 65%는 박사 학위를 가지고 있었고, 대략 20%는 주로 과학 분야의 학위나 일부 다른 상위 학위를 가지고 있었다.

마지막으로 넥스트 스탑 디자인은 대중교통 기획을 위한 시민 참여의 맥락에서 크라우드소싱을 평가하기 위한 시도였다. 그리고 이는 버스 정류장 디자인 공모를 중심으로 매일 버스를 타는 사람들을 대상으로 진행되었다. 넥스트 스탑 디자인 참여자 23명과 인터뷰한 결과, 참여자 중 다수라고 할 수 있는 18명 정도는 건축가이거나 관련 자격증을 따려 하는 인턴 건축가이거나 건축학 교사들이었다는 사실이 드러났다.

건축가가 아닌 사람 중에는 전기 기술자, 견적사, 그래픽 디자이너, 컴퓨터 프로그래머가 포함되어 있었으며, 이러한 사람 중 대다수는 자신이 대학에서 건축학을 공부했었다는 사실을 언급했다.

언론도 아마추어 군중을 호의적으로 다루지 않았다. 크라우드소싱과 아마추어라는 단어를 언급했던 2012년 뉴스 기사들을 분석한 결과, 언론은 특히 아마추어 군중을 불신했고, 무시했으며, 거들먹거리기까지 했다는 사실을 발견했다. "전문가들을 몰아내기 시작한 크라우드소싱Crowdsourcing starting to crowd out professionals" 같은 헤드라인들을 단 메인 기사는 아마추어로 구성된 집단이 전체 전문직을 없애버리고 싶어 한다고 묘사하기도 했다. 일부 기사는 군중을 지나치게 열정적이지만 지식이 없는 사람으로 언급하며 거들먹거리는 방식으로 군중을 묘사하기도 하는데, 한 기사에서는 전문적인 일이 "잠옷을 입은 아마추어에게는 어려울 수 있다difficult for the pajama-wearing amateur"라고 작성하기까지 했다.

이렇게 크라우드소싱에 호의적이지 않은 언론 보도는 노동과 창의적인 전문직의 지위에 대한 깊은 우려를 드러낸다. 전문화에는 힘이 있으며, 전문직의 경계 밖에 있는 것으로 보이는 개인들은 그 힘에 접근할 수 없는 것처럼 보인다. 1975년 조지 리처George Ritzer는 이렇게 썼다.

전문직의 가장 중요한 특징은 그들의 작업이 독점적으로 보인 다는 것이다. 전문직은 그들에게 그와 같은 권리가 필요하고, 권리를 받을 만한 가치가 있다는 것을 국가와 전문 지식이 없는 대중에게 납득시킴으로써 이러한 독점을 달성한다. …… 우리 는 이러한 힘을 전문화를 향한 원동력이자 전문직의 특징을 정 의하는 것 중 하나라고 볼 수 있다.

어떤 면에서 전문화는 힘을 쥐고 있는 것이며, 성스러운 것과 세속적인 것 사이의 장벽을 유지하는 방법이다. 군중과 군중이 생산하는 저임금·고품질의 창의적인 작업은, 지식이나 직업 기회가 특혜를 받은 몇 명에게만 제한되어야 한다는 생각과 전문성의 개념을 위협한다.

이러한 연구는 군중이 확실하게 단순히 아마추어들의 집합 이상이라는 사실을 보여준다. 그들은 스스로 선택한 전문가 집단이며 주어진 업무에 깊은 관심이 있는 전문가들이다. 이는 전문성을 위협한다. 하우가 『크라우드소싱』에서 제시한 바와 같이 크라우드소싱과 같은 참여문화 방식은 우선 무엇이 아마추어나 전문가를 정의하는가에 대한 질문을 불러온다.

법적인 쟁점들

크라우드소싱이 전문성과 비전문성 사이의 경계, 전형적인 내부 사업 절차, 외부 이해관계자 간의 경계를 모호하게 만들기 때문에 크라우드소싱 모델 주위에는 많은 법적인 쟁점이 존재한다. 정부가 공공 참여 프로그램에 크라우드소싱을 적용할 때는, 크라우드슬래핑crowdslapping 사례 안에서 발언의 자유를 보장하는 문제가 걱정이다. 저작권과 지적재산권 문제는 흔히 사업 영역에서의 크라우드소싱과 관련 있으며, 게임 소셜 미디어 사이트에 작은 단위의 일을 분배하기 위해 크라우드소싱을 활용하거나 크라우드소싱을 활용해 긍정적인 기업 리뷰를 다는 것은 사람들을 속이는 사업 행위로 여겨질 수 있다.

발언의 자유와 반대 의견

로렌스 레식Lawrence Lessig은 저서 『자유문화: 인터넷 시대의 창작과 저작권 문제Free Culture: How Big Media Uses Technology and the Law to Lock Down Culture and Control Creativity』에서 자유 사회가 발언의 자유 원칙을 지키는 것은 "단순히 법이기 때문만이 아니라 그것이 정말 좋은 생각이기 때문"이라고 서술했다. 그는 "발언의 자유라는 군건하게 보전되어온 전통이 광범위하게 비판받을 것이며, 이러한 비판은 결과적으로 비판받는 시스템이나 사람, 혹은 아이디어를 개선시킬 것"이라고 말했다. 발언의 자유는 테리사 아마빌Teresa Amabile과 에릭 본 히펠이 각각 발견한 것처럼 민주적인 가치이며, 혁신을 촉진하고 문제를 해결하기 위해 조직 내에서 중요한 가치이기도 하다. 확실히 발언의 자유는 크라우드소싱 활용의 성공에서도 중요하다. 하지만 군중이 크라우드소싱 애플리케이션을 파괴하기 위해 항의하고 협박할 경우 어떤 일이 벌어질까? 이 질문은 적절한 온라인 커뮤니티 관리 원칙에 따라 국가와 시민들의 관심사가 교차하는, 정부가 운영하는 크라우드소싱 활동에서 특히 중요하다. 정부가 후원하는 크라우드소싱 활용은 정부에 대해 발언할 시민들의 권리를 침해하지 않는 가운데, 시민들의 항의를 관리해야 하는 과제에 직면해 있다. 이 장에서는 크라우드슬래핑이라 불리는 군중의 동요 사례와, 검열 없이 크라우드소싱의 본래 목적을 유지하는 방법을 연구한다.

군중 저항의 다양한 유형은 분열적 크라우드슬래핑disruptive crowdslapping과 파괴적 크라우드슬래핑destructive crowdslapping을 포함한다. 필자는 이 모든 경우에서 정부의 명백한 검열보다 커뮤니티의 규범과 소프트웨어 규정의 힘을 활용해 발언을 규제하는 것을 선호한다.

분열적 크라우드슬래핑은 공공장소에서의 물리적 시위와

비슷하다. 이것은 온라인 포럼에 불만 글을 적거나, 정부 비판 글을 적어 다른 사람이 그 내용을 계속해서 듣게 한다. 이러한 크라우드슬래핑 유형은 타당한 논쟁의 형태를 띠고 있다. 이 때의 논쟁은 군중 속 개인이 생각을 정리해서 크라우드소싱 사이트에 게시하거나, 정부(혹은 크라우드소싱 활용에 대한 정밀 조사에 따른 정부의 구체적 기능)에 반해 '평화적인' 사실상의 탄원서 형태를 가지게 된다.

반면 파괴적 크라우드슬래핑은 악성 댓글flaming과 같은 적극적인 공격을 통해 다른 시민들이 사이트에 참여하는 것을 막는다. 사이버 심리학을 연구하는 연구원 존 설러는 '분리적 익명성dissociative anonymity'을 일으키는 '온라인 탈억제 효과online disinhibition effect'에 대해 연구한다. 그는 "사람들이 직접적인 삶과 정체성으로부터 온라인의 행동을 분리할 수 있는 기회가 있는 경우, 자신을 드러내는 것과 행동하는 것을 위험도가 낮다고 느낀다"는 것을 발견했다. '악성 댓글'은 남을 모욕하는 것이고 그 형제격인 '도배flooding'는 온라인 게시판이나 대화창에 쓸모없는 글을 억지로 채워 넣는 것으로서, 사이트의 방문객을 줄이면서 의미 있거나 합리적인 온라인 대화 가능성을 파괴하려는 방법이다. 실제로 고분고분하지 않은 일부 온라인 군중은 온라인 민주주의의 신중한 지지자들이 바라는 합리적 논쟁의 격식적인 시각과는 완전히 대조적이다. 파괴적 악성 댓글부터 분열적 비판까지, 이러한 군중의 '질책slap'은 가장 일반적이지 않은 정서까지 가능한 진실로 가치 있게 받아들여지게 할 수도 있다. 그렇다고 하더라고 이것은 민주주의적인 참여의 순간으로서 축하받아야 한다. 최소한 이것이 바로 존 스튜어트 밀John Stuart Mill이 원했던 것이다.

군중 저항의 또 다른 두 가지 형태인 크래킹cracking과 무시ignoring는 정부의 크라우드소싱 사업을 파괴할 수 있다. 악의적 해킹을 표현하는 용어인 '크래킹'은 불법적인 접근과 사이트 코드의 조작을 통해 사이트를 기계적으로 파괴하는 행동을 말한다. 파괴적 크라우드슬래핑은 크라우드소싱 활용에서의 생산적인 대화를 막지만, 크래킹은 개개인이 크라우드소싱에 참여하는 것 자체를 막는다. 크래킹은 채팅창과 게시판 공간을 내려버리고 데이터 파일을 변조시키고 그 외에도 사이트를 망가트리는 일을 포함한다. 이러한 악의적인 행동이 크라우드소싱 사이트에서 발생할 때, 정부 크라우드소서는 그것을 멈추게 하는 행동을 취해야 한다. 이것이 공론장을 위협하고 자치에 참여하는 사람들을 막을 수 있기 때문이다.

군중 저항의 마지막 형태인 '무시'는 아마도 가장 평화적이면서도 효과적일 것이다. 크라우드소싱 사업체들은 각자에게 주어진 문제를 해결하기 위해 노력하는 개인들로 이루어진 대규모 군중이 필요하다. 문제와 씨름하는 충분한 사람들이 없다면 이 과정은 실패한다. 2003년 법 저널 기사에서 베스 시몬 노베크Beth Simone Noveck는 비판적 사용자들을 대규모로 모집하기 위해 고군분투하는 온라인 정부의 도전을 진단했다.

이러한 네 가지 형태의 군중 저항은 각각 전통적 저항 방식인 청원 활동 및 합리적 토론(분열적 크라우드슬래핑), 성가시게 하는 구호와 이미지 이벤트(파괴적 크라우드슬래핑), 폭탄 테러 위협을 통한 공공의 장 파괴(크래킹), 보이콧(무시) 등과 유사하다.

미국에서 공공 참여 활동은 공공 기록의 문제이고, 정부의 크라우드소싱 활용과 같은 온라인 공공 참여 활동은 법률상 복잡한 위치를 차지한다. 구식의 비유들과 법 해석이 기술의 발전 속도보다 법률이 뒤처지는 현상을 일으켜왔고, 온라인 공공 참여 활동이 물리적인 포럼 개념으로 작동하기 시작하는 것은 놀라운 사실이 아니다. 미국법에는 기존의 전통적 포럼, 제한된 공적 포럼, 비공식적 포럼, 이렇게 세 가지 다른 유형의 포럼이 있다. 거리와 공원에서 시민들이 가장 넓은 발언의 자유권을 누리는 것은 전통적 포럼이다. 정부가 발표자들에게 할당된 시간과 발표 주제를 통제할 수 있는 시의회에서의 공적 회의들은 제한된 공적 포럼이다. 교도소와 학교 같은 비공식적 포럼에서는 정부가 발언에 대해 최대한의 통제권을 가지고 있다. 일반적으로 제한된 공적 포럼에서 정부는 담화

시간과 장소를 조정하고, 시민 담화에 걸맞은 중립적 방식으로 연설을 진행하도록 한다(예를 들어, 모독 금지). 반면, 비공식적 포럼에서는 정부가 콘텐츠에 근거해 연설을 검열할 수도 있다.

정부의 크라우드소싱 활용은 워크숍과 청문회 같은 기존의 공공 참여 활동으로 간주될 수 있으며, 법률 용어로는 '제한된 공적 포럼'에 가깝다. 만약 크라우드소싱 애플리케이션이 페이스북, 트위터와 같은 제3자 플랫폼을 사용한다면 협박이나 불쾌한 내용에 대한 규정이 포함된 해당 사이트의 이용 약관을 이용해 애플리케이션을 관리한다. 또한 관리자는 크라우드소싱 프로젝트의 범위를 벗어나는 토론 주제에 제재를 가할 수 있다. 그러나 프레이다 블루스틴Frayda Bluestein은 "게시할 수 있는 것에 대해 너무 많은 제한이 있는 경우에는 소셜 미디어의 공공 참여 혜택을 누리기 어려울 것"이라고 코아테스 블로그Coates' Canons Blog를 통해 밝혔다. 어떤 부분에서 발언에 대한 정부의 과도한 규제는 참가자들이 크라우드소싱 프로젝트에 등을 돌리게 할 수도 있고, 이는 인풋input과 관심의 부족으로 이어져 프로젝트의 붕괴를 일으킬 수도 있다.

크라우드소싱에서 나오는 의견에 대해서는 정부가 최소한의 제한만을 부과해야 한다고 생각한다. 정부는 제재와 제한을 가하는 대신에 도구와 법규를 제시해 커뮤니티 표준을 통해 자치적으로 관리될 수 있도록 해야 한다.

로버트 포스트Robert C. Post는 저서『헌법의 영역에서의 민주주의, 공동체 그리고 경영Constitutional Domains: Democracy, Community, Management』에서 법적 분쟁을 해결하기 위한 효과적인 방법의 예로 '커뮤니티 표준'을 든다. 커뮤니티 표준은 커뮤니티가 어떤 것이 효과적이고 적합한지 이해하고 있다는 것을 전제로 한다. 온라인에 적용된 커뮤니티 표준과 보통 사람들이 인정하는 수준의 휴리스틱은 가장 탄탄하게 오래 지속된 커뮤니티에서 눈에 띈다. 성공한 온라인 커뮤니티에서는 새로 들어온 회원을 조심스럽게 대하며, 인정받는 커뮤니티는 커뮤니티가 지향하는 가치를 보호하는 범위에서 외부자의 반대 의견을 무시하거나 수용하기 위해 총체적으로 작동하게 된다. 그러나 로렌스 레식은 이러한 커뮤니티 치안에 대한 미래는 한계가 있다고 지적했다. 예를 들어 기술적으로 막는 도구가 없다면 외부자들은 그들 스스로 온라인 커뮤니티 포럼에 들어가 지나치게 큰소리를 내게 될 것이다. 현재의 커뮤니티 회원들은 외부자들을 무시하거나 생산적으로 끌어들일 수 있으나 그들의 성가신 게시물을 멈추는 것에는 한계가 있다. 만약 외부자가 아주 끈질기게 활동한다면 현재의 커뮤니티 회원들은 그들의 불평에 지칠 것이고 커뮤니티를 그만두어 궁극적으로 커뮤니티 실패로 이어질 것이다.

그러므로 가장 효과적인 온라인 커뮤니티는 다른 사람들을 효과적으로 다룰 수 있게 하고 커뮤니티 표준을 강화할 수 있도록 도와주는 소프트웨어 법규를 갖추고 있다. 예를 들어 온라인 포럼에서 간단한 법규 기반의 규제는 메시지 길이를 제한하거나, 채팅방에 스팸 광고 등 동일한 메시지를 잇달아 게시하려는 사람을 막을 것이다. 온라인 커뮤니티들은 이러한 조건을 위반하는 사용자를 차단하기 위해 상급 회원들을 활용하는 방안을 마련할 수도 있다. 하지만 이것은 검열 주체가 정부에서 선택받은 소수 시민으로 바뀐 것에 불과하며 이상적인 시장 아이디어와는 거리가 있다. 커뮤니티들은 이러한 방법 대신에 논의된 스레드thread(하나의 주제에 대해 회원들이 게시판에 올린 의견 – 옮긴이) 중 일부 게시물을 (전적으로 삭제하는 것은 아니지만) 감추는 것에 대해 투표할 수 있다. 또 다른 코드 기반 도구는 회원들의 코멘트질을 다른 회원들이 평가할 수 있도록 간단한 실마리(보통 아이콘을 사용함)를 제공함으로써 커뮤니티가 회원들에게 평판 순위를 부여할 수 있도록 한다. 이베이eBay에서도 평판 아이콘이 이러한 기능을 수행한다. 이베이 구매자와 판매자에게는 더 성공적인 거래를 축적하고 서로 좋은 고객 서비스를 제공할 수 있도록 서로에 대해 의견을 남길 기회가 주어진다. 이는 서로의 명성과 지위에 영향을 줄 수 있게 되어 구매자와 판매자는 신뢰할 수 있는 관계로 남게 된다. 로

렌스 레식은 소프트웨어 코드 기술을 통한 이러한 종류의 정보 구조가 커뮤니티의 규범에 의한 자체 운영을 갈망하는 커뮤니티의 욕구를 실현할 수 있도록 해준다고 말한다.

올바른 소프트웨어 도구를 가진 크라우드소싱은 시민에게 그들 스스로 규제할 수 있는 권한을 부여한다. 이와 함께 시민들이 집단 대화를 파괴하려는 조짐을 보일 때에는, 정부가 제한된 공적 포럼의 정신으로 발언을 제한할 수 있다.

지적재산과 저작권

어떠한 웹사이트에서든, 특히 사용자가 제작한 콘텐츠는 디지털 밀레니엄 저작권법Digital Millennium Copyright Act: DMCA과 같은 적절한 이용 약관이나, 크라우드소싱 조직이나 군중 모두를 보호해주는 다른 정책이 필요하다. 성공한 크라우드소싱 기업은 조직과 군중 양쪽 모두를 공정하게 보호하기 위한 정책을 지니고 있으며, 사용자들은 이 정책을 쉽게 찾고 이해할 수 있다. 예를 들어 이노센티브는 사이트를 통해 지적재산이 어떻게 다뤄지고 있는지 분명한 언어로 설명한다. 시커 기업이 제시한 문제를 해결하고자 하는 군중 속 개인들은 기밀 정보를 보호한다는 법적 동의서에 서명하고, 해결책으로 제출한 의견을 시커 기업에 90일간 독점 인가하는 것에 합의한다. 이노센티브의 챌린지에서 시커 기업은 보상을 다 지급했을 시지적재산의 완전한 소유권을 갖게 된다. 시커 기업이 오직 해결책 일부에 대해서만 부분적인 보상을 제공하는 경우 솔버는 제의를 거절하고 자신의 제출물에 대한 지적재산권을 얻을 수 있다. 크라우드소싱의 통제점은 단체와 군중 사이에서 공유되는 공간에 존재한다. 따라서 이러한 정책은 작업 협의 work arrangement의 일부로 조직과 군중 모두를 보호할 수 있는 수단을 제공하고 있다.

이와 유사하게 스레드리스도 어렵지 않은 지적재산권 정책을 시행하고 있고 이는 회사와 군중 모두에게 공평하다. 스레드리스 커뮤니티에 디자인을 올린 스레드리스 커뮤니티 회원은 기본적으로 90일 동안 스레드리스에 일시적으로 상업적 권리를 양도하고, 스레드리스는 어떤 디자인이든 인쇄를 하면 해당 디자이너에게 상금을 지급한다. 제출한 디자인이 인쇄되지 않으면, 커뮤니티 회원은 자신의 디자인에 대한 지적재산권을 얻게 된다. 이는 간단하면서도 공정한 계약이지만, 모든 크라우드소싱이 이러한 정책을 가지는 것은 아니다. 2011년에 열린 산업 디자인 크라우드소싱 공모는 부분적으로는 실패했는데, 그 이유는 조직이 경쟁에서 이기지 못한 디자인까지 모든 제출물에 대해 지적재산권 소유를 주장했기 때문이다. 이러한 정책에 일부 디자이너들은 크라우드소싱 프로젝트 관리자에게 불참 의사를 밝혔는데, 이는 공모가 점점 더 많은 창의적 전문가들이 반대하는 '스펙상의 작업work on spec'에 해당했기 때문이다. 스펙상의 작업은 이후 '윤리 문제' 부분에서 더 자세히 논의된다.

크라우드소싱 조직은 크라우드소싱 경쟁자들이 제출한 제3자의 콘텐츠의 잠재적 저작권 위반에 대해서도 경계해야 한다. 성공한 모든 크라우드소싱 업체가 다른 사람이 소유한 콘텐츠를 제출하는 것을 금지하는 규칙을 갖고 있지만, 조직은 제품화되는 군중의 아이디어나 제품이 정말로 군중 속 개인의 고유 창작물이 맞는지 확인할 필요가 있다. 실수로 군중이 제출한 다른 사람의 디자인을 이용해 제작하게 된다면 크라우드소싱 회사는 원치 않는 복잡한 법적 소송에 휘말리게 될 수 있다. 이러한 법적 상황의 예로는 크라우드펀딩 회사인 킥스타터의 2012년 11월 3D 프린터 프로젝트 펀딩 관련 소송을 들 수 있다. BBC 보도에 따르면, 미국의 기술 회사인 폼랩스 Formlabs는 3D 프린터를 제조하기 위해 킥스타터에 있는 2000명 이상의 사용자로부터 2900만 달러를 상회하는 비용을 모금 요청했다. 3D 인쇄 회사인 쓰리디시스템즈3D Systems는 폼랩스의 킥스타터 프로젝트가 허가 없이 쓰리디시스템즈의 특허 중 하나를 사용했다고 주장하며 폼랩스를 상대로 소송을 제기했다.

불공정한 비즈니스 관행

대부분의 새로운 비즈니스 모델은 부정적인 측면을 가지고 있으며, 모든 시장에서는 암시장이 존재한다. 크라우드소싱도 예외가 아니다. 크라우드소싱의 분산된 인간 지능 작업 형태는 법적인 문제의 원인이 될 수 있는 시장 조작의 특정 형태를 가능하게 한다. 2011년 ≪헤이스팅스 과학과 기술법 저널 Hastings Science and Technology Law Journal≫에 게재된 자극적인 논문에서 피터 투슈너Peter Touschner는 온라인 소셜 미디어 암시장, 특히 크라우드소싱 회사인 서버트 앤 프로핏이 미국 연방거래위원회FTC법의 일부를 어겼다고 주장했다. 연방거래위원회는 불공정 독점 사업 관행을 규제하는데, 온라인에 게시된 소비자 제작 콘텐츠의 증가는 정부 기관에 독특한 과제를 안겨주고 있다고 언급했다. 도전 과제 중 하나는 제품 리뷰나 의견을 온라인상에 올리는 개인이 온라인상의 다른 사람에게는 해당 사업에 대한 정보의 믿을 만한 출처가 된다는 것이다. 연방거래위원회법 제5항은 사기에 대한 연방거래위원회의 정책 성명인데, 투슈너는 "제5항은 '상거래에 영향을 미치는 불공정 행위나 기만행위, 또는 관행'이라는 '암시장black markets'의 정의를 아우를 만큼 아주 폭넓고 유연하다"고 주장한다. 서버트 앤 프로핏과 같은 마이크로태스크 웹사이트에서 제품, 서비스, 웹사이트에 대한 거짓 보증을 통해 밀거래를 진행하기 때문이다. 이는 공정하고 경쟁력 있는 비즈니스 관행과 상반되는 일정 수준의 사기를 가능하게 한다.

정보 기술 연구 및 자문 회사인 가트너Gartner는 2012년 발표 자료에서 2014년에는 소셜 미디어 전체 리뷰의 10~15%가 허위 정보가 될 것으로 추정했다. 가트너는 기업이 정규 광고나 비밀 광고covert advertising 구매의 일환으로 이러한 리뷰들을 사게 될 것이라고 내다봤다. 또한 ≪포춘Fortune≫ 선정 500대 기업 중 최소 두 개 기업이 몇 년 안에 연방거래위원회의 소송에 직면하게 되리라 예측했다.

윤리 문제

비평가들은 크라우드소싱 운영에 대해 '클릭의 노예', '디지털 노예 제도', '군중 착취'라는 비난을 제기했다. 얼핏 보기에 크라우드소싱은 빠르고, 싸고, 질 좋은 노동력을 얻기 쉬운 경로로 보인다. 크라우드소싱 조직은 전통적인 노동 협의에서 으레 제공하는 금전적 보상과 같은 것 없이 군중의 작업을 통해 이익을 얻는다. 일부 사람들은 임금 상승, 노동자 보호, 전문적 작업에 대한 윤리 기준 설립을 위해 전문가 단체가 수년 동안 노력한 전문가적 지위를 군중이 약화한다고 주장한다.

그러나 군중의 노동력 착취 문제는 복잡하다. 디지털 노동 현장에서는 군중이 자발적으로 크라우드소싱 방식으로 작업하기 때문에 많은 점에서 실제 오프라인에서의 노동력 착취 현장과는 같다고 보기 힘들다. 게다가 크라우드소싱이 조직에게 항상 효율적인 모델인 것도 아니다.

노동권

대중매체에서 다루는 크라우드소싱에 대한 아마추어주의 논의는 크라우드소싱이 도래하기 이전 많은 전문가가 생계를 위해 애쓰고 있었다는 사실에서 관심을 돌리는 속임수로 작용한다. 제프 하우의 크라우드소싱 블로그에서 전문 사진작가 러셀 코드Russell Kord는 자신의 사업에 대한 아이스톡포토의 부정적 영향에 대해 불평했다. "디지털카메라는 질 좋은 이미지를 공개하기 위해 필수적인 기술을 빼앗아갔다. 합성에는 정답이 없고, 배포는 저렴하고 쉬워졌다." 크라우드소싱의 여파로 창의적인 생산의 기존 패러다임을 운용하는 전문가들은 영향을 받았지만, 창의적인 전문가들은 크라우드소싱 이전에도 소득 분포에서 상위에 존재하지 않았다. 대중매체의 크라우드소싱 관련 보도는 예술가들이 고통받는 원인을 아마추어들에게서 찾았으며, 크라우드소싱을 다루는 기자들은 "값싸게 일할 수 있는 하찮은 아마추어들"이 1~5달러를 받고 일하거나 무료로 일할 수 있다는 점을 강조한다. 이러한 내용을 담은 기사들은 사업에 도움이 되는 저렴한 아마추어의 노동력이 사내 과학자나 사내 창의적 전문가를 고용하는 것보다 더 많은 이윤을 남기고, 지출을 줄여준다는 프레임을 만든다. 결국 크라우드소싱에서 아마추어주의 담론은 아마추어들(대체로 전문가로서의 자격이나 조건을 갖춘)을, 기업의 정돈된 상태를 방해하는 문 앞의 야만인들barbarians at the gate로 잘못 위치시킨다. 비용을 낮추는 경쟁이 창조 산업에서 이미 일어나고 있음에도, 이러한 담론은 크라우드소싱과 아마추어를 산업의 비용을 떨어트리는 외부 요인이라고 비난한다.

일부 기자들은 군중(아직 아마추어라고 여기고 있지만)을 향해 동정적인 태도를 보이며 크라우드소싱 방식의 착취 가능성에 우려를 표한다. 임금을 지급하는 크라우드소싱 활용에서 일부 임금은 매우 낮게 책정된다. 메커니컬 터크에서는 가장 활발하게 활동하는 사용자 대부분이 평균적으로 시간당 2달러만 받는다. 파나요티스 이페이로티스Panagiotis Iperiotis의 2010년도 조사에 따르면 이들 노동자의 대부분은 고등교육을 받았고 절반이 미국을 포함한 선진국 출신이다. 다른 작업 방식에서 이러한 상황은 누구에게든 크라우드소싱의 공정성에 의문을 갖도록 할 것이다.

이것은 착취당한 군중이 불공정한 노동 행위에 반대하는

조직을 만들 수 있을지에 대한 문제로 이어진다. 군중은 이 담론에서 조직이 업무를 아웃소싱하는 아마추어 혹은 애호가 집단으로 자리하기 때문에 전문가들처럼 조직화할 기회를 박탈당한다. 어떠한 조합도 없고, 전문적인 윤리 규범도 없고, 규정을 정의하기 위한 어떠한 공식적인 협회도 없으며, 군중 속 개인이 그들의 아이디어에 대한 급여나 지적재산권의 평등을 논할 수 있는 공식적인 협의도 없다. 이에 반해 전문가 조직은 전문 직업을 가진 멤버를 보호하고 돕기 위한 권한, 특권, 자치권을 행사하는 안전장치를 제공한다. 아마추어라는 꼬리표는 군중이 비전문적이고 결코 전문가가 될 수 없는 무리이며, 자신의 이익을 위해 뭉칠 수도 없고 뭉쳐서도 안 되는 집단임을 나타낸다. 해외로 외주를 보내든 인터넷으로 크라우드소싱을 하든 '분산된 노동distributed labor'은 세계 자본주의의 특징이다. 이는 노조의 힘을 감소시키며, 노동 조직을 방해하기 위해 입증된 전략이다. 앞서 얘기했듯 군중은 대체로 아마추어가 아닌 전문가이다. 다만 그들을 노동자로 보호하는 전문적인 기초 장치가 부족할 뿐이다. 그들을 아마추어로 상정하는 대중매체의 담론은 군중을 보호하는 장치가 마련되는 것을 막는다.

조직의 관점에서 군중을 위해 한 가지 위안이 되는 사항은, 어떤 크라우드소싱이든 온라인 커뮤니티로서만 역동적이라는 것이다. 크라우드소싱 조직에 불만이 있는 군중은 얼마든지 떠나도 되기 때문에 다수의 이탈이 크라우드소싱의 전체적인 붕괴로 이어질 수 있다. 드물긴 하지만, 군중은 크라우드소싱 조직체 내에서 저항할 수 있고, 분열적 크라우드슬래핑, 파괴적 크라우드슬래핑, 악의적 해킹을 포함해 다양한 전략을 구사할 수 있다. 그러나 유감스럽게도 조직은 웹사이트 구조를 취사선택할 수 있고(사이트 내에 토론의 장을 두지 않는 것 등), 정책을 취사선택해(사용 약관에 제한을 부과하는 것 등) 크라우드소싱 활용 내에서 군중을 억제할 수 있다. 언제든지 떠날 수 있는 군중의 능력을 고려했을 때, 이것을 크라우드소싱 착취라고 부르기엔 무리가 있다.

만약 전문화가 밸러리 푸르니어Valerie Fournier가 말하는 후기 자본주의 경제에서 일하는 근로자들을 훈육하는 "새로운 통제 소프트웨어 중 하나"라면, 크라우드소싱에서 아마추어들이 프로의 대척점에 있음에 찬사를 보내는 것은 아마추어들 또한 자신의 작업을 통해 자본주의 시스템을 유지하는 데 일조한다는 사실을 모호하게 만든다. 헨리 젱킨스는 저서 『융합 문화: 구시대의 매체와 오늘날의 매체는 어디에서 충돌하는가 Convergence Culture: Where Old and New Media Collide』에서 우리에게 "새로운 지식 문화는 상품 문화의 영향권을 완전히 탈출할 수 없을 것이고, 마찬가지로 상품 문화는 민족 국가의 제약 밖에서 완전히 작동할 수 없다는 것"을 다시 한 번 알려준다. 영리 목적의 크라우드소싱에 종사하는 군중 속의 개인은 그가 아마추어든 전문가든 상관없이 자본주의 기업 내에서 자신들의 위치를 받아들인다. 군중이 크라우드소싱 사이트에 제출하는 것을 통해 그들이 생산하는 제품이나 생산 수단을 제어한다는 것은 환상일 뿐이다. 이들은 소유주가 아닌 노동자이며, '아마추어' 노동자들은 조직 내 '전문가'들보다 낮은 지위라도 받아들인다. 그러나 아마추어라는 꼬리표는 크라우드소싱 사이트에서 실제로 민주적인 일이 일어난다는 인상을 준다.

'민주화democratization'라는 단어는 크라우드소싱에 대한 대중적 담론과 학문적 담론 모두에서 나타난다. 크라우드소싱이 오픈 이노베이션open innovation 관행과 모순적으로 결합하면서, 그 주제에 관한 에릭 본 히펠의 책은 '혁신의 민주화Democratizing Innovation'라는 용어를 받아들인다. 그러나 민주화는 무분별하게 모든 것을 웹 2.0, 특히 웹 2.0 비즈니스 관행에 관련시키려는 흔한 용어이기도 하다. 웹 2.0 사업 성명서의 비판적인 분석에서, 호세 반 다이크José van Dijck와 데이비드 니보그David Nieborg는 "마케팅과 사업의 담론에서 '커뮤니티', '협업collaboration'과 같은 문화적인 용어가 빠르게 '소비자consumers', '상품commodities', '맞춤화customization'와 같은 경제적 용어를 대체하고 있다"고 말한다. 상업과 더불어 공유의 이러한 문제적인 융합은 기업들이

'가치의 중심locus of value extraction'을 사용자로 이전하고 소비자의 가치를 제한하도록 하며, 이런 현상은 '공동 창작co-creation'으로 추앙받는다.

아마추어들은 우리와 같은 일반적인 사람들이며, '민주화된' 크라우드소싱은 우리가 마치 시대를 앞서나가는 회사와 함께 대담하고 새로운 미래를 만들어나간다는 생각을 갖게 하고, 크고 집합적인 무언가의 일부인 것처럼 느낄 수 있게 해준다. 만약 어떤 것이 "우리에 의해, 우리를 위해" 만들어졌다며 민주주의라는 공허한 꼬리표를 달고 다닌다면, 우리는 자동적으로 그것이 더 좋다고 느낀다. 우리는 그것이 이익에 목마른 회사나, (크라우드소싱 방식의 언론의 경우) 정치적으로 편향된 언론사가 아니라고 생각한다. 아마추어주의에 대한 이러한 담론은 우리에게 더 큰 권한을 느끼도록 해주고, 우리가 소비하는 제품과 미디어에 대한 통제를 느끼도록 해준다. 그러나 소위 이러한 아마추어들은 실제로는 외주를 받은 전문가이며, 우리가 구매하는 제품과 미디어 콘텐츠는 기존 제품과 크게 다르지 않다. 그것은 분명히 더 민주적인 방식으로 생성되지 않으며, 결코 자본주의 논리의 통제를 넘어서지도 않는다.

결국 기업은 크라우드소싱으로 절대 손해 보는 법이 없고, 자진해서 일하는 군중의 일원 역시 손해 보는 일이 없다는 것도 입증할 수 있다. '가치의 중심'이 아마추어 소비자-제작자로 이동하고 제품에서 멀어지기 때문에 모든 실패가 대중의 책임이 될 수 있다. 이것은 크라우드소싱 조직에게 안전한 대중 관계fail-safe public relations이다. 일부 기자들은 질적인 면에서 군중이 스스로로 엉성한 작업을 지시할 것이기 때문에, 아마추어 군중이 프로젝트를 시도하는 것을 허용하는 일의 장점에 대해 논한다. 2011년 6월, 《뉴욕타임스》에는 "아마추어들… 품질에 대한 우리의 개념에 도전하다amateurs… challenge our notion of quality"라는 기사가 있었다. 아마추어주의에 대한 담론은 회사가 군중에 책임을 전가할 수 있도록 하기 때문에 문제가 있다. 만약 한 회사가 군중들의 의견에 따라 스스로 문을 열었다고 주장할 수 있다면, 그와 유사하게 크라우드소싱으로 제작된 시청률이 떨어진 미디어 콘텐츠, 팔리지 않는 제품, 틀에 박힌 콘텐츠처럼 실패한 상품에 대해 책임을 피할 수 있을 것이다. 군중이 만든 실패에도 불구하고, 회사는 이전 그 어떤 때보다 더 친밀하게 브랜드에 소비자를 참여시켰다고 주장하며 대중 관계에서 승리할 수 있다. 이것은 웹 2.0의 가치인 투명성과 개방성을 포용할 수 있으며, 대중에게 대중이 원하는 것을 얻었다고 말할 수 있는 방법이다. 그리고 실패에 직면한다면 회사는 크라우드소싱을 버리고 옛날 방식대로 전문 인재를 고용하는 것을 정당화하기 위해 이러한 경험을 언제든 이용할 수 있다.

누구를 위한 효율성인가?

조직에게는 크라우드소싱의 비용이 저렴할지도 모르지만 더 넓은 관점에서 보면 이것은 효율적이지 못할 수도 있다. 예를 들어 이노센티브와 같은 회사에서 대중은 석사학위를 가진 전문적으로 훈련된 과학자들로 구성되어 있다. 주어진 문제에서, 수십 명의 과학자들은 어려운 문제를 풀기 위해 시간을 보낼지도 모른다. 그 과학자들 중 몇 사람은 해결책을 제시할 것이다. 이러한 모든 문제의 해결에서, 특히 해결책을 제시한 사람들은 많은 시간을 소비한다. 이노센티브에서 우승한 해결책을 내놓은 사람은 좋은 상품으로 보상을 받지만, 그 상품은 여전히 정상적으로 사내 연구소를 운영하는 비용보다 훨씬 저렴하다. 이노센티브 운영자에게 그것은 효율적 '우승'이지만, 과학적 지능의 관점에서는 전반적인 손실로 볼 수 있다. 이 시스템에서는 많은 시간 동안 전문적인 과학 훈련이 낭비되고, 이로 인해 과학적 재능이 할 수 있었던 다른 것들에 대한 의문이 제기된다. 그 밖에 해결되지 못한 문제로는 과연 무엇이 있을까? 앞서 언급한 관점으로 보았을 때, 크라우드소싱은 어려운 문제를 해결하는 비효율적인 모델일 수 있으며, 이 것은 크라우드소싱에 대한 보조 수단으로 전통적 모델을 사용하는 것에 대한 논쟁으로 이어진다.

창의적 활동을 하는 전문가들은 사업을 따내기 위해 포

트폴리오의 일부에 다른 샘플이나 세련된 디자인을 같이 넣는다. 프리랜서로 일하는 일부 사람들이나 다른 사람들은 '스펙'을 위해 일을 하거나, 특히 미래 임금의 안정을 희망하며 임금 지불에 대한 보장 없이 일한다. 창의적 활동을 하는 노동자들 사이에서 스펙을 위한 작업 수행에 대한 상당한 반발이 있다. 노스펙NO!SPEC 웹사이트는 "스펙 업무와 스펙에 기반을 둔 디자인 공모가 늘고 있어 문제다"라고 경고하며, 이 사이트의 운영진은 "'스펙 안 돼!'라고 외침으로써 전문적이고 윤리적인 비즈니스 관행 촉진"을 위한 국제적 지지를 요청한다. 스레드리스와 같이 잘 알려진 사이트에서 열리는 크라우드소싱 형태의 디자인 공모는 매력적인 포상과 법적 조건을 통해 디자이너들에게 공정한 대우를 보장한다. 하지만 크라우드소싱으로 새로 넘어온 사람들은 스펙을 위한 일을 제출하기 위해 아마 지적재산권이나 공정한 임금 지불에 대한 보장처럼 전문 디자이너에게 요구되는 윤리적 요소에 대해 생각하지 않을 것이다. 2010년에 진행된 스레드리스 디자이너들과의 인터뷰에 따르면 일부는 커뮤니티에 절반 정도 완성된 작품조차 올리는 것을 꺼리는데, 이는 커뮤니티의 다른 사용자들이 적절한 기여 없이 지나치게 그들의 아이디어를 빌려 쓸 수도 있다는 걱정 때문이었다. 그렇다면, 아마추어와 전문가의 차이는 개인과 조직 사이의 업무 관계의 연속으로 더 잘 설명될 수 있을 것이다. 한 단체에 완전히 고용된 사람들은 더 큰 자율성을 갈구할 것이고, 조직(예를 들면, 프리랜서 조직)에 일시적으로 고용된 사람들은 더 나은 직업 안정성을 바랄 것이다. 이 모든 것이 오늘날 미디어 노동자들 사이에서 아마추어, 전문가 또는 프로 아마추어의 정체성을 복잡하게 만든다. 전문적이고 창조적인 서비스에 대한 공정한 임금 지급을 위해 투쟁해온 저명한 전문 디자이너들의 손실은 장차 디자이너가 되려는 사람들을 크라우드소싱 디자인 경연으로 유인하며, 스펙을 위한 업무의 유행이 아마추어와 전문가 사이의 경계를 점점 더 흐리게 만들고 있다.

전략적 커뮤니케이션 및 소셜 미디어 게임

몇몇 크라우드소싱은 사악하거나 교활한 것으로 보일 수 있다. 전략적 커뮤니케이션 전문가들은 서버트 앤 프로핏과 같은 툴이 윤리적인지를 반드시 결정해야 한다. 왜냐하면 그들이 많은 윤리적인 전략적 커뮤니케이션 관행의 많은 교리에 어긋나기 때문이다. PR, 마케팅, 광고 전문가를 포함한 전략적 커뮤니케이션 전문가들은 그들의 업무에서 권위적인 전문 윤리 규범에 구속을 받는다. 가장 널리 알려진 전략적 커뮤니케이션 윤리 규범으로는 미국 PR협회Public Relations Society of America: PRSA의 윤리 규범과 기업 커뮤니케이션 국제협회the

International Association of Business Communicators: IABC의 윤리 강령이 있다. 대부분의 미국 대학은 PR 교육과정 중 윤리 과정을 요구하며, 학부 전공을 위해 이러한 규범의 교리를 강조하고 있다. 본질적으로 윤리에 대한 전문 규범은 전략적 커뮤니케이션 관행의 핵심으로 간주된다.

하지만 서버트 앤 프로핏은 여러모로 미국 홍보협회와 기업 커뮤니케이션 국제 협회 윤리 규범의 본질에 역행한다. 서버트 앤 프로핏은 정보의 자유로운 흐름을 제한함으로써 공공 이익을 제공하지 않고, 정직한 공개를 하지 않으며, 윤리 규범 상의 정직·공정·옹호·충성의 원칙을 위반한다. 일부 전략적 커뮤니케이션 블로거들은 서버트 앤 프로핏이 그들이 주장하는 것만큼 효과적이지 않다고 비판했지만, 무엇보다 서버트 앤 프로핏 같은 서비스를 이용하는 윤리적 시사점에 대한 논의가 부족하다.

전략적 커뮤니케이션 전문가들이 온라인에서의 '입소문go viral'을 만드는 데 효과가 있어 보이는 기술에 맹목적으로 눈을 돌리고 있는 때에, 최근 떠오르는 전략적 커뮤니케이션 업종에서의 온라인 커뮤니티와 소셜 미디어 관리의 윤리적 관행을 고려하는 것이 중요하다. 미국 홍보협회와 기업 커뮤니케이션 국제 협회 윤리 규범을 준수하기 위해, 전략적 커뮤니케이션 전문가들은 소셜 미디어 도구 중 크라우드소싱 모델을 단지 또 다른 도구로써 비판적으로 바라보기보다는 크라우드소싱 모델의 관계와 시사점에 대해 고려할 필요가 있다.

미학적 독재

비록 현재 인터넷 보급률이 선진국에서 높고, 개발도상국에서는 빠르게 증가하고 있지만, 곳곳에서 보이는 정보 격차digital divides는 군중이 최대한 다양하고 보편적으로 접근하는 것을 방해한다. 미국의 경우 상당수의 농촌 지역에 아직 광대역 통신망이 깔려 있지 않고, 인구통계학적으로 아프리카계 미국인들과 스페인어를 사용하는 라틴계 사람들이 제일 낮은 인터넷 접속률을 보인다. 크라우드소싱은 필연적으로 온라인 현상이기 때문에 모든 사람이 인터넷에 접근할 수 없는 환경에서는 모든 사람이 활용할 수 있는 크라우드소싱이 있을 수 없다. 그러나 민주주의와 "국민의, 국민에 의한"이라는 개념이 크라우드소싱을 둘러싸고 있다.

크라우드소싱은 군중을 최대한 포함하지 않는 경우 잘 작동하지 않을 수 있고 다양성을 가질 수도 없다. 여기에 더해 일종의 미학적 독재aesthetic tyranny가 크라우드소싱 디자인 공모전이나 크라우드소싱을 이용한 정책 프로젝트에서 일부 이해관계자들에게 서비스를 제공하지 못하는 정책을 야기할 수도 있다. 만약 군중이 그들의 구성 내에서 상대적으로 동일한 성격을 갖고 있거나 엘리트라면, 크라우드소싱은 창의적인 생산을 통해 권력을 가진 사람들의 지배적인 가치를 재생산할 수 있다. 이것은 해당 과정을 민주적이라고 얼버무리고 넘어갈 때 특히 문제가 된다.

거버넌스governance를 위한 크라우드소싱 방식의 공공 참여 프로그램에서 이러한 종류의 배제는 소외된 사람들의 목소리를 듣지 못하는 것을 의미한다. 왜냐하면 전통적 공공 참여 프로그램에서 실제보다 적게 표시되는 사람들은 인터넷을 이용하지 못하는 사람들과 같을 가능성이 있기 때문이다. 따라서 통치 방식이나 계획에 대한 크라우드소싱 방식의 공공 참여 프로그램은 기존 공공 참여 활동을 대체하기보다는 보완해야 한다.

크라우드소싱의 미래

❖

    새로운 산업이 오래되고 비효율적인 작업들을 재조정하고 완전히 새로운 사용법을 개발하기 위한 모델을 받아들이는 것과 같이, 크라우드소싱은 꾸준히 여러 분야에 걸쳐 새로운 배경 속에서 확산되어왔다. 크라우드소싱이 가는 곳에는 연구자들이 따라간다. 이번 장에서는 분야를 막론하고 크라우드소싱의 새로운 활용과 연구 방법을 살펴보고, 크라우드소싱을 통한 미래 성장 영역에 대해 알아본다.

미래 기술

    우리 삶에서 유비쿼터스 컴퓨팅ubiquitous computing이 일반화 됨에 따라, 유연한 크라우드소싱 플랫폼은 사람들이 매일 쉽게 사용할 수 있게 변화할 것이며, 우리 일상생활에 딱 맞게 통합될 것이다. 이노센티브와 메커니컬 터크 같은 플랫폼의 성공은 개인과 조직의 필요에 따라 특정 문제 해결을 위해 접근할 수 있는 사용하기 쉬운 플랫폼의 실제 사례를 보여준다.

광범위하고 유연한 크라우드소싱 플랫폼들이 내부적인 크라우드소싱이나 특정 목적을 위한 크라우드소싱보다 두드러질 것이다. 이는 그들 자신만의 대규모 크라우드소싱 활용이 필요 없거나, 그럴 만한 형편이 되지 않는 조직에 기회를 제공한다. 조직은 크라우드소싱 플랫폼을 인쇄 업체나 물류운송 업체, 혹은 경영 컨설턴트와 많이 다르지 않은 일반적인 타사 공급 업체로 간주할 것이다.

이러한 의미에서 조직을 위한 기술 문제는 논쟁의 여지가 있을 것이다. 크라우드소싱은 기술적인 접근에서 사업 서비스 영역으로 이동할 것이다. 가트너와 포레스터Forrester와 같은 IT 고문 서비스, 혹은 맥킨지McKinsey와 보스턴컨설팅그룹 Boston Consulting Group과 같은 경영 컨설팅 회사는 결국 크라우드소싱 플랫폼을 평가하고 그것의 전략적인 사용을 조언할 것이며, 조직의 핵심 직원들은 어떤 크라우드소싱 플랫폼에 참여할지 결정할 것이다. 크라우드소싱을 구동하는 기술은 비교적 간단하다. 대부분의 크라우드소싱 애플리케이션은 콘텐츠 관리 시스템에서 실행되는 기본 모바일 애플리케이션이나 웹사이트와 유사하다. 크라우드소싱은 온라인 커뮤니티에 단체를 연결하고 그들 사이에서 정보를 교환하는 과정이다. 현재 크라우드소싱 활용을 위한 무료 오픈소스 코드의 이용이 가능하며, 궁극적으로 조직과 사용자는 크라우드소싱의 기술적인 뼈대를 이메일의 기술적인 뼈대와 같이 널리 활용하게 될 것이다.

또한 모바일 기술을 이용하는 크라우드소싱 플랫폼 사용의 증가는 일반적인 추세가 될 것이다. 모바일로 인터넷에 접속하는 사람들이 노트북이나 데스크톱 접속자보다 많아지면서 휴대전화는 개발도상국들의 정보 격차에서 가교 역할을 하고 있다. 크라우드소싱 애플리케이션은 스마트폰에서 제공하는 SMS를 바탕으로 한 참여뿐만 아니라 우수한 모바일 웹에서의 참여를 받아들이는 것에도 익숙해질 것이다. 유연한 크라우드소싱 플랫폼은 모바일 브라우징에 맞게 최적화되어 자동적으로 변경될 것이다. 개발도상국을 장악한 우샤히디와 다른 크라우드소싱 서비스들은 광범위한 휴대전화 사용으로 가능해진 전 세계에 걸친 크라우드소싱 안에서 성장의 가능성을 보여준다.

미래 적용

도시계획과 거버넌스에서의 전통적 공공 참여 프로그램들은 숙의 민주주의 이론deliberative democratic theory에 따라 모든 관계자가 동의할 수 있는 공공의 결정을 만들어내는 시민을 찾아내고자 한다. 공공 참여의 일환으로 도시계획 과정에 시민을 포함하는 것은 해당 계획이 미래의 사용자들에게 좀 더 광범위하게 받아들여지는 데 도움이 된다. 도시계획에서의 공공 참여 프로그램은 비전문가나 비주류의 지식을 도시계획의 창의적인 문제 해결 과정으로 불러오는 가치가 있다. 2010년부터 많은 미국 정부 기관은 운영을 창의적으로 재구성하거나 공공 정책의 혁신적인 활용을 장려하기 위해 크라우드소싱 활용 계획을 세우거나 공모를 시작해왔다. 미래에는 민주적 거버넌스에 크라우드소싱이 정규적으로 포함될 것이다. 결국 거버넌스의 모든 측면에서 대중의 의견을 수집할 것이고, 크라우드소싱이 이 과정을 가능하게 만들어줄 것이다. 거버넌스에서의 크라우드소싱 활용은 가까운 미래에 투명성과 효율성에 초점을 맞출 것이며, 결국 대규모 상호 점검 창의적 생산 방식의 응용들은 다양한 정부 상황에서 나타날 것이다.

피어 투 페이턴트 프로젝트는 미국 특허청의 특허출원 검토에서 지속적인 고정 프로젝트가 될 것이다. 미국 지질조사국은 시민들이 우샤히디와 매우 유사하게 온라인 지도에 지진의 흔들림을 보고하도록 하는 '그것을 느꼈나요?Did You Feel It?'라는 웹사이트를 지속해서 활용한다. 미국 예산청은 세이브상 시상을 통해 공무원 비용 절감에 대한 아이디어를 계속해서 공모할 것이다. 미래 정부의 크라우드소싱은 대중교통 이용을 보고하거나, 공공 예술 사업이나 벽화를 목록화하거나, 국립공원의 위험한 동물들에 대한 훼손 혹은 목격을 보고하기 위해 '지식 발견 및 지식 관리 방식'을 사용할 것이다. '광범위한 탐색 애플리케이션'은 교통 신호 시간 조절에 대한 더 나은 알고리즘을 식별하거나 사회보장이나 건강 보험 프로그램을 위한 보험 통계 공식과 행동 모델링을 개선하는 것을 포함할지도 모른다. 거버넌스를 위한 '상호 점검 창의적 생산 방식'은 대규모 도시개발 혹은 공공 예술 프로젝트의 계획 및 구상과 공공 정책과 학교 구역 조정 및 버스 통학 일정을 만드는 것을 포함하도록 확대될 수 있다. 그리고 거버넌스에 대한 '분산된 인간 지능 작업'은 역사적 사료 분석, 정부 문서나 웹사이트 번역, 그리고 모든 종류의 데이터 입력에 대한 크라우드소싱을 포함할 수도 있다.

국가안보 영역에서는 크라우드소싱이 이미 최우선시되고 있다. 미국 국방부 산하 방위고등연구계획국US Defense Advanced Research Projects Agency: DARPA은 전투에 참여하는 군인들, 전국의 시사 전문가, 해외의 외교관 사이의 집단지성을 활용하여 작전 개선에 필요한 새로운 시스템을 개발하기 위해, 주력 분야의 일부에 크라우드소싱을 통합했다. 방위고등연구계획국의 크라우드소싱에 대한 일시적 관심은 달과 빨간 풍선 챌린지

DARPA Red Balloon Challenge라고도 불리는 2009년 달파 네트워크 챌린지DARPA Network Challenge가 가장 잘 설명해준다. 전 세계에 분산된 보고의 속도와 정확성을 테스트하기 위해, 미국 전역에서 방위고등연구계획국은 공개되지 않은 장소에 배치된 커다란 빨간 풍선의 위치를 찾는 개인에게 상금을 제공했다.

크라우드소싱과 부합할 수 있는 그 밖에 다른 국가 안보 목표는 테러 방지, 전쟁에서의 사상자 감소, 중요한 컴퓨터 시스템에 가해지는 위협을 더 잘 가늠하는 것 등이다. 미 공군과 타 방위 및 안보 부서들 또한 크라우드소싱을 연구해왔다. 비록 군중이 특정 수준의 보안 등급을 가진 개인으로만 제한되지만, 군중의 활용은 방위 및 안보 산업과 기관에서 일반화될 것이다. 국방부가 크라우드소싱을 언급하며 내놓은 제안의 빈도수는 크라우드소싱이 국가 보안 활용에서 확장되리라는 것을 보여준다.

크라우드소싱은 언론 영역에서 실험되어왔지만 어느 정도의 성공만을 이루었을 뿐이다. 어사인먼트 제로가 증명한 것처럼 군중을 활용하는 것은 전체 이야기를 조화롭게 쓰기 위해서는 좋은 방법이 아니다. 하지만 군중은 크라우드소싱에 적합한 네 가지 문제 유형 중 한 가지 유형에는 유용할 수 있다. 언론의 미래에서 군중은 빅데이터big data를 분석하고, 사실을 확인하고, 원고를 편집하고, 정보를 모으고, 거버넌스에서

제4부로서 언론을 복원하는 다양한 조사 보고서에 기여할 수 있을 것이다. 유연한 다목적의 크라우드소싱 플랫폼들은 언론사의 예산 감소에 따라 대규모 언론사에서 표준이 될 것이다. 전문가에 가까운 아마추어 기자들은 이러한 중요한 뉴스 기능에 참여하는 군중이 될 것이다.

크라우드소싱은 이노센티브 등의 성공에서 힌트를 얻어 과학과 보건 분야에 지속적으로 영향을 미칠 것이다. 기업 연구와 개발 작업의 광범위한 부분이 군중에게 맡겨질 것이다. 과학과 공학에 대한 크라우드소싱 활용의 증가로 더 복잡한 지적재산권 제도가 나타날 수 있다. 보건 영역에서도 크라우드소싱이 담배의 판매 시점 관리 위반에 대한 통제 보고와 같은 보건 서비스의 가속화와 개선을 위해 배치될 것이다. 또한 크라우드소싱은 건강 기록을 수집하는 것, 휴먼 컴퓨테이션을 이용해 이전의 건강 기록을 남기는 것, 건강한 행위의 향상을 위해 정교한 모델을 개발하는 것이 유용함을 증명할 것이다.

이미 크라우드소싱은 언어 번역에서 효과가 입증되었고, 이러한 모델의 적용은 더 보편화될 것이다. 이 모델은 외국어를 배우는 데에도 사용될 것이다. 루이스 본 안은 듀오링고 Duolingo라 불리는 새로운 언어 교육 시스템에 자신이 개발한 프로그램인 리캡차reCAPTCHA를 시스템의 원리에 적용했다. 크라우드소싱을 사용해 사람들에게 새로운 언어를 쉽고 저렴하게 가르치는 것과 다른 나라의 언어로 세계적인 정보를 번역할 수 있게 되는 것은 연구, 뉴스, 공공의 건강 정보를 전 세계적으로 퍼트리는 데 도움이 될 것이다.

미래의 연구 방향

크라우드소싱에 대한 미래의 연구는 참여 동기부여에 중점을 둘 것이다. 이러한 연구는 기존에 존재하는 동기 분류법들을 수정할 것이며, 특정 크라우드소싱 유형에서 어떤 동기부여가 가장 중요한지를 결정하기 시작할 것이다. 비록 우리가 군중이 참여하는 많은 이유에 대해 잘 알고, 각각의 크라우드소싱 활용에서 여러 종류의 참여자가 있다는 것을 알고 있다 하더라도 우리는 아직 어떤 동기부여가 다른 것보다 더 중요한 요소인지 분명하게 알지 못한다. 또한 어떤 동기부여가 특정 크라우드소싱 유형에서 더 두드러지는지에 대해서도 알지 못하며, 여러 유형의 군중 또는 성격 유형이 특정한 주요 동기부여를 예측할 수 있는지에 대해서도 분명하게 알지 못한다. 이러한 질문에 대한 경험적 데이터는 미래의 크라우드소싱 애플리케이션을 설계하는 데 필요하다.

특히 산업이 새로운 문제들을 해결하기 위해 크라우드소싱을 변형하면서 크라우드소싱 시스템의 성능 연구가 계속해서 요구되고 있다. 이러한 연구는 크라우드소싱에서 가장 생산적인 결과를 만들어내는 조건을 이해하기 위한 시도이다. 지금까지 경영학자나 컴퓨팅 학자들이 크라우드소싱 시스템의 성능 연구에서 주류에 속했다. 새로운 분야에서 크라우드소싱이 성장함에 따라, 새로운 분야의 학자들이 크라우드소싱의 기능 향상을 위해 평가와 실험을 진행할 필요가 있다. 크라우드소싱은 문제 해결 모델이며 최적의 성능을 달성하기 위해 지속적인 수정이 필요하다. 이상적으로는 평가와 분석 분야의 학자들과, 경영이나 컴퓨팅 분야의 성과 연구 학자들 사이의 다학제적 협력이 이루어질 것이다.

크라우드소싱에서 모바일 플랫폼이 더 일반화되면서 크라우드소싱 위치 기반 데이터의 장점을 가장 극대화하는 방법을 알아내는 연구도 필요할 것이다. 참여 지리 정보 시스템 연구는 어떻게 사람들이 크라우드소싱 방식으로 중앙 시스템에 유용한 지리 정보를 제공하는지를 발견하기 위해 진행되고 있다. 참여자들은 자발적으로 도시 전역에서 휴대 전화를 가지고 다니면서 실제 공간에서 발생하는 수많은 문제에 대한 실시간 데이터를 보고할 수 있다. 이러한 맥락의 연구는 참여자의 능력과 동기를 고려해야 하며 모바일 컴퓨팅 파워를 이용해 해결할 수 있는 새로운 애플리케이션과 새로운 문제를 상상해야 한다. 아울러 문화적 관점에서 시민들이 어떻게 정부와 공공 공간에 참여하고 있는지에 대한 더 큰 문제도 생각해 보아야 한다.

끝으로 데이터를 처리하는 방법으로 각계에서 화두가 되는 빅데이터도 필요할 것이다. 크라우드소싱은 특히 인간 지능이 필요한 데이터를 처리하는 자연스러운 접근 방식으로 보인다. 크라우드소싱된 데이터 분석에 대한 연구는 성능 연구와 사례 연구를 포함할 수 있다. 본가드와 동료들이 행동 모델링을 위해 진행한 크라우드소싱 변수 연구도 우리가 컴퓨터 단독으로 해결하기에는 너무 크거나 복잡하다고 여겨지는 데이터 문제를 해결하는 데 도움이 될 것이다.

온라인 커뮤니티 관리 직업에 대한 연구

새로운 기술은 새로운 경제를 만들고, 새로운 경제는 새로운 직업을 만든다. 우리가 앞으로 온라인 커뮤니티 관리 산하에 있는 많은 새로운 직업을 볼 수 있을 것이며, 이러한 새로운 직업을 이해하기 위한 연구가 필요하리라 예측한다. 전략적 커뮤니케이션은 새로운 일에 대한 독보적인 통찰력을 제공한다. 한 조직과 그들의 이해관계자들(고객, 클라이언트, 기여자, 직원) 사이의 관계는 보통 그들이 상호 간에 이익이 있을 때나, 그들이 대칭적이고 커뮤니케이션 흐름이 양방향일 때, 그리고 그들이 전략적 커뮤니케이션 관행의 중심에 있을 때 가장 강력하다.

전략적 커뮤니케이션은 관리 목표 달성을 위해 이해관계자들과 관계를 유지하는 과정에서의 투자를 포함한다. 전략적 커뮤니케이션은 조직이 이러한 온라인 커뮤니티들과 관계를 유지하는 방법을 이해하기 위한 적절한 프레임워크이다. 많은 기업과 비영리단체, 심지어 정부까지도 건강하고, 생산적이고, 때로는 상당한 크기의 온라인 커뮤니티들의 유지 관리에 의존하기 때문이다.

이러한 맥락의 일부 연구는 온라인 커뮤니티 관리를 위한 모범 사례와 정책에 초점을 맞출 것이다. 안스가르 처파스 Ansgar Zerfass, 슈테판 핑크Stephan Fink, 안네 링크Anne Linke는 많은 기업에서 소셜 미디어 정책, 소셜 미디어 인력, 예산, 전략 보고서, 평가 기준을 포함한 충분한 소셜 미디어 거버넌스 프레임워크가 부족하다는 것을 밝혀냈다. 사실은 온라인 커뮤니티 관리와 마찬가지로 크라우드소싱을 하고자 하는 조직을 위해서는 좋은 온라인 커뮤니티 거버넌스 정책을 만드는 연구가 필요하다. 커뮤니티가 어떻게, 왜 만들어지며 지속되는가에 대한 연구 또한 필요하다. 이와 관련된 대부분은 동기부여 연구와 연관되어 있다.

온라인 커뮤니티 관리의 새로운 직업에 대한 몇 가지 중요한 질문들에 대해서는 더 많은 연구가 필요하다. 필자는 이해관계자, 성장, 동기, 성공, 전문성에 관한 폭넓은 지식을 추구하면서 이러한 중요한 질문들을 구성한다.

사람마다 자신의 능력, 재능, 동기가 모두 다르므로 크라우드소싱 프로젝트에 누가 참여하는지 정확히 이해하는 것이 중요하다. 일부 크라우드소싱 프로젝트는 성공을 위해 이해관계자에게 인구통계학적 다양성 혹은 인지적 다양성을 요구한다. 공동 정책 결정 프로젝트나 도시 기획 프로젝트와 같은 일부 프로젝트는 투자 관할권을 가진 이해관계자 그룹을 찾는다. 연구 프로젝트들은 온라인 커뮤니티 참가자들이 누구인지, 그들의 재능과 관심이 무엇인지, 그리고 어떻게 탐나는 이해관계자들을 크라우드소싱 프로젝트의 온라인 커뮤니티로 모집할 수 있는지 발견하는 것에 초점을 맞춰야 한다. 그러나 더 중요한 것은 이러한 온라인 커뮤니티의 요구와 기대를 이해하기 위한 연구가 필요하다는 것이며, 이를 통해 온라인 커뮤니티 관리자 역할을 하는 전략적 커뮤니케이션 실무자들은 조직과 이해관계자들의 유대감을 조성할 수 있다. 만약 관계 유지가 좋은 전략적 커뮤니티 실행의 핵심이라면, 이러한 관계에 누가 참여할 것인지 결정하는 것이 중요하다고 할 수 있다.

온라인 커뮤니티가 어떻게 만들어지고, 어떻게 성장하고, 어떻게 쇠퇴하는지에 대한 과학적인 이해는 반드시 필요하다. 집단적인 지능형 그룹을 만들기 위해 얼마나 많은 사람이 필요한지에 대한 질문도 물론 중요하지만, 그 수가 어떻게 달성되고 유지되는지에 대한 질문도 그에 못지않게 중요하다. 만약 온라인 커뮤니티가 시작되는 속도가 느리다면, 새로운 방문자는 그것을 유령 도시로 보고 외면할 수 있으며, 이는 지능적인 집단으로서 기능하는 데 필요한 임계치까지 온라인 커뮤니티가 성장하는 것을 막을 것이다. 마찬가지로, 이미 설립된 큰 규모의 온라인 커뮤니티는 새로운 방문자를 배척할 수 있고, 그들만의 규범을 가진 독점적인 커뮤니티가 새로운 방문자들을 위협할 수도 있다. 온라인 커뮤니티를 모집하고 유지하는 전략적인 커뮤니케이션 전략의 효과성에 대한 연구는 여기서 유용하게 사용될 것이다.

온라인 커뮤니티에 참여하는 개인의 동기 연구가 왕성하게 진행되고 있다. 이러한 연구는 참가자들이 왜 온라인 커뮤니티에 끌리는지, 그들이 조직과의 관계에서 무엇을 추구하는지에 중점을 두고 집단지성 프로젝트와 함께 지속되어야 한다.

전략적 커뮤니케이션 관점은 전체적인 프로젝트에 대한 온라인 커뮤니티의 인식에 집중함으로써 크라우드소싱 프로젝트의 성공 여부와 성공 방식에 대한 연구에 기여할 수 있다. 전략적 커뮤니케이션 실무자들은 이해 관계자들의 브랜드 성공과 기타 인식을 정기적으로 평가하며, 전략을 적절하게 조정한다. 시스템의 성능과 기술적인 성취에 지나치게 치중한 크라우드소싱 연구는 중요한 인간적인 요소를 놓칠 수도 있다. 크라우드소싱 프로젝트의 성공에 대한 연구는 시스템의 전반적인 성공에서 중요한 요소로 프로젝트 평가와 온라인 커뮤니티 참여자들의 인식을 고려해야 한다. 예를 들어, 도시계획에서의 대중 참여에 중점을 둔 크라우드소싱 프로젝트는 참여자에게 좋은 온라인 공공 심의 디자인의 기존 원칙에 따라 프로젝트에 대한 그들의 인식을 물어볼 필요가 있다.

전략적 커뮤니케이션에 대한 새로운 일자리는 이미 개발되고 있다. 전략적 커뮤니케이션의 구인 게시판에는 온라인 커뮤니티 매니저, 소셜 미디어 매니저, 온라인 고객 관리 전문가, 트위터 매니저 같은 일자리들이 열거되고 있다. 어떤 전략적 커뮤니케이션의 부분 또는 어떤 전문적 실행으로서 모범 사례를 개발하고 전문적인 기준과 윤리적 가이드라인을 구축하는 것에 대해 우려되는 점이 있다. 이러한 작업은 전략적으로 프로젝트와 그들의 온라인 커뮤니티를 관리하는 사람들의 작업에 중점을 두어 크라우드소싱 프로젝트의 방향 안에서 계속되어야 한다.

온라인 커뮤니티를 연구하는 것은 복잡한 일이다. 그것은 인문학적이고 사회과학적이며 종종 연구 방향에 따라 다학제적이기도 하다. 다양한 전문 분야로 구성된 팀은 크라우드소싱 프로젝트와 온라인 커뮤니티를 어떻게 관리하는지에 대한 우리의 이해에 크게 기여할 수 있다. 또한 온라인 커뮤니티 연구는 질적 방법과 양적 방법 모두 여지가 있다. 양적인 연구는 결과를 일반화해 도출하며, 질적인 연구는 개인적 경험이나 개별 사례의 풍부함을 알아낸다. 전략적 커뮤니케이션 학문에서의 일반적인 접근인 '전체론적 사례 연구Holistic case-study research' 또한 적합할 것이다.

크라우드소싱이 발달함에 따라, 이러한 프로젝트와 커뮤니티의 실용적인 관리에 대한 이해도 필요하다. 전략적 커뮤니케이션은 이 연구를 바라보는 유용한 렌즈를 제공하는데, 그것이 전략적인 커뮤니케이션 캠페인 계획의 실행을 이 연구에 집중시키기 때문이다. 우리는 크라우드소싱이 어떻게 작동하는지에 대해 배울수록 어떻게 크라우드소싱을 가장 효율적으로 작동하게 할 수 있는지도 알게 될 것이다. 궁극적으로는 공공선을 위해 이러한 지식을 작업에 적용해 사회적·환경적·민주적 프로젝트를 통해 세상을 개선하게 될지도 모른다.

전문적 대중에 대한 연구

만약 조직의 관점에서 온라인 커뮤니티 관리가 크라우드소싱의 전문화에 대해 생각하는 유용한 방법이라면, 군중의 입장에서 보았을 때 전문화의 전망은 무엇일까? 우리는 스스로를 군중의 정규 직원으로 생각하고, 하나 혹은 다수의 크라우드소싱 플랫폼에 참여함으로써 생계를 꾸려나가는 개개인으로 보기 시작할 것인가? 어떤 경우에는, 이미 이런 일이 일어나고 있다.

파나요티스 이페이로티스는 메커니컬 터크의 일부 참여자가 이미 사이트에서 그들의 작업을 정규직이며 진지한 일로 보기 시작했다는 것을 발견했다. 그의 연구에서 한 응답자는 자신이 "현재 실업자이며, 그래서 거의 정규직 터커"라며, "비록 보상이 크진 않지만 빠른 속도로 커지고 있다"고 말했다. 2007년에 아이스톡포트의 사진작가 리사 갸네Lisa Gagne는 크라우드소싱 방식의 스톡포토를 올리는 사이트에서 사진을 50만 장 이상 팔아 억 단위의 수입을 벌었다. 그리고 가장 성공적인 일부 스레드리스 디자이너들은 스레드리스와 다른 그래픽 디자인 경쟁 사이트에서의 성공을 통해 높은 소득을 창출한다.

최근에 만들어진 이러한 전문적인 대중 계층의 영향은 복잡하며 연구 가치가 있다. 지속해서 정규직 고용과 연금 및 사회보장 등 퇴직 연령의 편의 시설을 구하기 어려운 불경기 시대를 거쳐온 미국의 세대에게 일시직 또는 정규직으로 크라우드소싱 작업을 하는 것은 생계를 유지하는 일반적인 방법이 될 수도 있다. 만약 전문적인 대중 계층이 나타난다면, 그들은 자신만의 윤리의식, 노동조합이나 단체 교섭 능력, 혹은 전문적인 정체성을 공유하는 능력을 갖추게 될까? 학교의 교육과정이 학생들을 프리랜서나 합법적이고 전문적인 방법으로 군중의 정규 직원이 되게 가르치는 것을 받아들이게 될까? 혹은 스펙이 없는 창조적 활동을 하는 노동자들이 크라우드소싱을 활용하는 것에 대한 조직적인 저항이 일어날까?

이러한 새로운 직업적 현실에 대한 연구가 필요할 것이다. 이는 이미 전문성과 일과 삶의 균형에 대한 우리의 이해에 많은 이바지를 했던 노동학, 레저 연구, 조직 커뮤니케이션 분야에서 시작될 수 있을 것이다. 경영학자들은 일시적이고, 특정 목적을 위한 군중 노동력에 대해 경제적 질문들을 계속할 필요가 있을 것이며, 인적자원 연구자들과 변호사들은 조직에 대한 군중 노동자들의 법적 관계뿐만 아니라 세금 및 혜택의 의미를 고려할 필요가 있을 것이다. 크라우드소싱의 증가는 학술 연구와 실용적 통찰력으로 해결해야 할 필요가 있는 조직, 직원, 사회에 대한 흥미로운 도전 과제를 안겨준다.

용어 해설

개방형 혁신(Open Innovation)
조직의 혁신 프로세스에 외부 이해관계자를 포함시키는 혁신 전략.

대중의 지혜(Wisdom Of Crowds)
문제 해결 시 개인으로 이루어진 집단이 혼자 일하는 개인보다 우월한 현상.

마이크로 태스크(Microtasks)
인간이 쉽게 수행할 수 있는 작은 작업 단위. 주로 다수의 개인에게 쪼개져 분배되어 더 큰 업무에 공헌한다.

문제 해결의 주변부 효과(Marginality In Problem Solving)
문제에 영향을 미치는 다양한 문제 해결 휴리스틱과 경험을 가져오는 문제 해결 영역(도메인)의 주변부 효과.

분산 컴퓨팅(Distributed Computing)
컴퓨팅 업무를 쪼개어 네트워크를 통한 개별 컴퓨터 또는 노드에 분배해 처리하는 기술.

사용자 제작 콘텐츠(User-Generated Content)
인터넷 환경에서 인터넷 사용자가 온라인으로 제작 및 배포한 텍스트 또는 멀티미디어 등의 콘텐츠.

사용자 혁신(User Innovation)
조직에서 사용자의 아이디어를 통합해 기존 제품을 반복적으로 수정하는 방법.

시민과학(Citizen Science)
아마추어, 애호가, 전문가의 과학적 연구가 아닌 개인들이 수행하는 과학 연구 과제의 성과.

온라인 커뮤니티 관리(Online Community Management)
조직, 프로젝트 또는 브랜드의 맥락에서 조직, 프로젝트 또는 브랜드 주변의 온라인 커뮤니티를 구축하고 유지하는 전문적인 작업.

인간 지능 과업(Human Intelligence Tasks, Hits)
인간이 수행하기에는 간단하지만 컴퓨터가 수행하기에는 상당히 어려운 과제.

집단지성(Collective Intelligence)
한 집단이 협력하거나 모여 있을 때 독립체로서 집합적으로 지능화되는 현상.

참여문화(Participatory Culture)
콘텐츠를 생성하고 공유하며, 이를 바탕으로 상호작용하는 문화. 인터넷, 특히 최근의 소셜 미디어 기술 및 소셜 네트워킹 사이트에 의해 조성.

크라우드(Crowd)
크라우드소싱 활동에 종사하는 개인들의 온라인 커뮤니티.

크라우드펀딩(Crowdfunding)
웹사이트나 다른 온라인 도구를 통해 커뮤니티의 여러 후원자가 기금을 모아 아이디어나 제품을 시장에 출시하는 행위.

크라우드소셔(Crowdsourcer)
크라우드소싱 프로그램을 운영하는 조직.

크라우드 소싱(Crowdsourcing)
온라인을 활용해 분산된 문제를 해결하거나, 온라인 커뮤니티의 집단 지성을 활용한 생산 모델을 통해 특정 조직의 목표를 달성하는 행위.

크라우드슬래핑(Crowdslapping)
크라우드소싱 활동 또는 커뮤니티 공간 내에서 크라우드소싱 운영자 또는 크라우드소싱 활동에 대한 군중의 저항.

휴먼 컴퓨테이션(Human Computation)
인간의 지능을 필요로 하는 정보를 처리하기 위해 인간 대리인 또는 노드의 네트워크에 분산 컴퓨팅 원리를 적용하는 것.

참고문헌

Amabile, Teresa M. 1998. "How to Kill Creativity." *Harvard Business Review,* October, pp.77~87.

Benkler, Yochai. 2002. "Coase's Penguin, or, Linux and The Nature of the Firm." *Yale Law Journal,* Vol.112, No.3, pp.369~446.

Bluestein, Frayda. 2010. "Free Speech Rights in Government Social Media sites." Coates' Canons: NC Local Government Law Blog. http://canons.sog.unc.edu/?p=1970.

Bongard, Josh C. et al. 2013. "Crowdsourcing Predictors of Behavioral Outcomes." *IEEE Transaction on Systems, Man, and Cybernetics: Part A, Systems and Humans.* http://ieeexplore.ieee.org/xpl/RecentIssue.jsp?punumber=6221021.

Brzozowski, Michael J., Thomas Sandholm and Tad Hogg. 2009. "Effects of Feedback and Peer Pressure on Contributions to Enterprise Social Media." In *Proceedings of the ACM 2009 International Conference on Supporting Group Work.* New York: Association for Computing Machinery, pp.61~70.

Carey, James W. 1989. *Communication as Culture: Essays on Media and Society.* Winchester, MA: Unwin Hyman.

Carr, Nicholas. 2010. "A Typology of Crowds." Rough Type(blog). http://www.roughtype.com/?p=1346.

Chesbrough, Henry. 2003. *Open Innovation: The New Imperative for Creating and Profiting from Technology.* Boston: Harvard Business Press.

Davey, Neil. 2010. "Ross Dawson: Six Tools to Kickstart Your Crowdsourcing Strategy." MyCustomer.com. http://www.mycustomer.com/topic/customer-intelligence/ross-dawson-six-tools-start-your-crowdsourcing-strategy/109914.

Deci, Edward L. and Richard M. Ryan. 1985. *Intrinsic Motivation and Self-determination in Human Behavior.* New York: Plenum.

Doty, D. Harold and William H. Glick. 1994. "Typologies as a Unique Form of Theory Building: Toward Improved Understanding and Modeling." *Academy of Management Review,* Vol.19, No.2, pp.230~251.

Dunbar, Kevin. 1998. "Problem Solving." In W. Bechtel and G. Graham(eds.). *A

Companion to Cognitive Science. London: Blackwell. http://www.utsc.utoronto. ca/~dunbar1ab/pubpdfs/probsolv2.pdf.

Estellés-Arolas, Enrique and Fernando González-Ladrón-de-Guevara. 2012. "Towards an Integrated Crowdsourcing Definition." *Journal of Information Science*, Vol.38, No 2, pp.189~200.

Fournier, Valérie. 1999. "The Appeal to 'Professionalism' as a Disciplinary Mechanism." *Sociological Review*, Vol.47, No.2, pp.280~307.

Gartner, Inc. 2012. "Gartner Says By 2014, 10-15 Percent of Social Media Reviews to Be Fake, paid for by Companies." Gartner Research. http://www.gartner.com/ it/page.jsp?id=2161315.

Geiger, David et al. 2011. "Managing the Crowd: Towards a Taxonomy of Crowd-sourcing Processes." In *Proceedings of the Seventeenth Americas Conference on Information Systems*, paper 430. Detroit. MI.

Ghosh, R. A. 1998. "FM Interview with Linus Torvalds: What Motivates Free Software Developers?" *First Monday*, Vol.3 No.3. http://firstmonday.org/htbin/cgiwrap/ bin/ojs/index.php/fm/article/view/1475/1390.

Goldcorp. 2001. "Goldcorp Challenge Winners!" Goldcorp Challenge. http://www. goldcorpchallenge.com/challenge1/winnerslist/challeng2.pdf.

Hong, Lu and Scott E. Page. 2001. "Problem Solving by Heterogeneous Agents." *Journal of Economic Theory*, Vol.97, pp.123~163.

Horovitz, Bruce. 2009. "Two Nobodies from Nowhere." Craft Winning Super Bowl Ad. *USA Today*, December 31. http://www.usatoday.com/money/advertising/ admeter/2009admeter.htm.

Howe, Jeff. 2006a. "Mission Statement." Crowdsourcing: Tracking the Rise of the Amateur(blog). http://crowdsourcing.com/cs/2006/05/hi_my_name_is_j.html.

_____. 2006b. "Pure, Unadulterated (and Scalable) Crowdsourcing." Crowd-sourcing: Tracking the Rise of the Amateur(blog). http://crowdsourcing.type pad.com/cs/2006/06/pure_unadultera.html.

_____. 2006c. "The Rise of Crowdsourcing." *Wired*, June. http://www.wired.com/ wired/archive/14.06/crowds.html.

_____. 2007. "Did Assignment Zero Fail?" A Look Back, and Lessons Learned. *Wired*, July 16. http://www.wired.com/techbiz/media/news/2007/07/assigment _zero_final.

_____. 2008. *Crowdsourcing: Why the Power the Crowd Is Driving future of Business*. New York: Crown.

Huberman, Bernardo A., Daniel M. Romero. and Fang wu, 2009. "Crowdsourcing, Attention and Productivity." *Journal of Information Science*, Vol.35, No.6, pp.758~765.

International Association of Business Communicators. n. d. IABC Code of Ethics for Professional Communicators. "International Association of Business Communicators." http://www.iabc.com/about/code.htm.

Ipeirotis, Panagiotis G. 2010. "Analyzing the Amazon Mechanical Turk Market place." *XRDS: Crossroads. The ACM Magazine for Students*, Vol.17, No.2, pp.16~21.

Jenkins, Henry. 2006. *Convergence Culture: Where old and New Media Collide.* New York: New York University Press.

Jenkins, Henry et al. 2006. "Confronting the Challenges of Participatory Culture: Media Education for the Twenty-first Century." White paper. Chicago: MacArthur Foundation. http://newmedialiteracies.org/files/working/NMLWhitepaper.pdf.

Jeppesen, Lars Bo and Karim R. Lakhani. 2010. "Marginality and Problem-solving Effectiveness in Broadcast Search." *Organization Science*, Vol.21, No.5, pp.1016~1033.

Kazai. Gabriella, Jaap Kamps and Natasa Milic-Frayling. 2011. "Worker Types and Personality Traits in Crowdsourcing Relevance Labels." In *Proceedings of the Twentieth ACM International Conference on Information and Knowledge Management*, 1941~1944. New York: Association for Computing Machinery.

Knoke, David and Christine Wright-Isak. 1982. "Individual Motives and Organizational Incentive Systems." *Research in the Sociology of Organizations*, Vol.1, pp.209~254.

Lakhani, Karim R. et al. 2007. "The Value of Openness in Scientific Problem Solving." Harvard Business School Working Paper. http://wwe.hbs.edu/research/pdf/07-050.pdf.

Lakhani. Karim R. and Robert G. Wolf. 2005. "Why Hackers Do What They Do: Understanding Motivation and Effort in Free/open Source Software Projects." In Joseph Feller et al.(eds.). *Perspectives on Free and Open Source Software.* Cambridge, MA: MITPress.

Lessig, Lawrence. 2004. *Free Culture: How Big Media Uses Technology and the Law to LockDown Culture and Control Creativity.* New York: Penguin Press.

Lévy, pierre. 1995. *Collective Intelligence: Mankind's Emerging World in Cyberspace.* NewYork: Plenum.

Lietsala, Katri and Atte Joutsen. 2007. "Hang-a-Rounds and True Believers: A Case Analysis of the Roles and Motivational Factors of the Star Wreck Fans." In Artur Lugmayr, Katri Lietsala, and Jan Kallenbach(eds.). *MindTrek 2007 Conference Proceedings*. Tampere: Tampere University of Technology. pp.25~30.

Liu, Su-Houn. Hsiu-Li Liao and Yuan-Tai Zeng. 2007. "Why People Blog: An Expectancy Theory Analysis." *Issues in Information Systems*, Vol.8, No2, pp.232~237.

Martineau, Eric. 2012. "A Typology of Crowdsouricng Participation Styles." M.S thesis, Concordia University. Montreal. http://spectrum.library.concordia.ca/973811/1/Martineau_MSc_Winter-2012.pdf.

NO!SPEC. n.d. About NO!SPEC. http://www.no-spec.com/about/.

Nov, Oded. 2007. "What Motivates Wikipedians?" Communications of the ACM, Vol.50, No.11, pp.60~64.

Nov, Oded, Mor Naaman and Chen Ye. 2008. "What Drives Content Tagging: The Case of Photos on Flickr." In Margaret Burnett et al.(eds.). *Proceedings of the Twenty-sixth Annual SIGCHI Conference on Human Factors in Computing Systems*. pp.1097~1100. New York: Association for Computing Machinery.

Noveck, Beth Simone. 2003. "Designing Deliberative Democracy in Cyberspace: The Role of the Cyber-lawyer." *Boston University Journal of Science and Technology Law*, Vol.9, No.1, pp.1~91.

Page, Scott E. 2007. *The Difference: How the Power of Diversity Creates Better Groups, Firms, Schools, and Societies*. Princeton, NJ: Princeton University Press.

Perry, James L. and Lois Recascino Wise. 1990. "The Motivational Bases of public Service." *Public Administration Review*, Vol.50, No.3, pp.367~373.

Post, Robert C. 1995. *Constitutional Domains: Democracy, Community, Management*. Cambridge, MA: Harvard University Press.

Public Relations Society of America. n.d. Public Relations Society of America (PRSA) Member Code of Ethics. Public Relations Society of America. http://www.prsa.org/AboutPRSA/Ethics/CodeEnglish/index.html.

Ritzer, George. 1975. "Professionalization, Bureaucratization and Rationalization: The Views of Max Weber." *Social Forces*, Vol.53, No.4, pp.627~634.

Rogstadius, Jakob et al. 2011. "An Assessment of Intrinsic and Extrinsic Motivation on Task Performance in Crowdsourcing Markets." In *proceedings of the Fifth International Conference on Weblogs and Social Media*. Menlo park, CA:

AAAI Press, pp.321~328.

Salminen, Juho. 2012. "Collective Intelligence in Human: A Literature Review." In Thomas W. Malone and Luis von Ahn(eds.). *Collective Intelligence 2012: Proceeding*. Cambridge, MA: eprint arXiv:1204.2991. http://arxiv.org/ftp/arxiv/papers/1204/1204.340l.pdf.

Schenk, Eric and Claude Guittard. 2011. "Towards a Characterization of crowd-sourcing Practices." *Journal of Innovation Economics*, Vol.7, No1, pp.93~107.

Suler, John R. 2004. "The Online Disinhibition Effect." *Cyberpsychology and behavior*, Vol.7, pp.321~326.

Surowiecki, James. 2004. *The Wisdom of Crowds: Why the Many Are Smarter Than the Few and How Collective Wisdom Shapes Business, Economies, Societies, and Nations*. New York: Doubleday.

Terranova, Tiziana. 2004. *Network Culture: Politics for the Information Age*. London: Pluto Press.

Terwiesch, Christian and Yi Xu. 2008. "Innovation Contests, Open Innovation, and Multiagent Problem Solving." *Management Science*, Vol.54, No.9, pp.1529~1543.

Touschner, Peter. 2011. "Subverting New Media for Profit: How Online Social Media 'Black Markets' Violate Section 5 of the Federal Trade Commission Act." *Hastings Science and Technology Law Journal*, Vol.3, No 1. pp.165~192.

US White House. n.d. About the SAVE Award. US White House. http://www.whitehouse.gov/save-award/about.

Van Dijck, José and David Nieborg. 2009. "Wikinomics and Its Discontents: A Critical Analysis of Web 2.0 Business Manifestos." *New Media and Society*, Vol.11, No.5, pp.855~874.

Villarroel, J. Andrei and Filipa Reis. 2010. "Intra-corporate Crowdsourcing(ICC): Leveraging upon Rank and Site Marginality for Innovation." Paper presented at CrowdConf 2010: The world's First Conference on the Future of Distributed Work, San Francisco. http://www.crowdconf20l0.com/images/finalpapers/villarroel.pdf.

Von Ahn, Luis et al. 2008. "reCAPTCHA: Human-based Character Recognition via Web Security Measures." *Science*, Vol.321, No.5895, pp.1465~1468.

Von Hippel, Eric. 2005. *Democratizing Innovation*. Cambridge, MA: MIT Press.

Wiggins, Andrea and Kevin Crowston. 2011. "From Conservation to Crowdsourcing: A Typology of Citizen Science." In R. H. Sprague, Jr.(ed). *Proceedings of the*

Forty-fourth Hawaii International Conference on Systems Science. CA: IEEE Computer Society.

Wu, Fang, Dennis M. Wilkinson and Bernardo Huberman. 2009. "Feedback Loops of Attention in Peer Production." In *Proceedings of the 2009 IEEE International Conference on Social Computing*. CA: IEEE Computer Society. pp.409~415.

Zerfass, Ansgar, Stephan Fink and Anne Linke. 2011. "Social Media Governance: Regulatory Frameworks as Drivers of Success in Online Communications." In Linjuan Rita Men and Melissa D. Dodd(eds.). *Fourteenth International Public Relations Research Conference Proceedings*. Coral Gables, FL: Institute for Public Relations, pp.1026~1046. http://www.instituteforpr.org/wp-content/uploads/14th-IPRRC-Proceedings.pdf.

Zheng, Haichao, Dahui Li and Wenhua Hou. 2011. "Task Design, Motivation, and Participation in Crowdsourcing Contests." *International Journal of Electronic Commerce*, Vol.15, No.4, pp.57~88.

더 읽을거리

Acar, Oguz Ali and Jan van den Ende. 2011. "Motivation, Reward size and Contribution in Idea Crowdsourcing." http://www2.druid.dk/conferences/view paper.php?id=502498&cf=47.

Allen, Naomi et al. 2009. "Peer-to-Patent Second Anniversary Report. Center for Patent Innovations at New York Law School." http://dotank.nyls.edu/communitypatent/ CPI_P2P_YearTwo_hi.pdf.

Alt, F. et al. 2010. "Location-based Crowdrourcing: Extending Crowdsourcing to the Real World." In *NordiCHI 2010 Proceedings*. New York: Association for Computing Machinery.

Anonymous n.d. About Apps for Healthy Kids. Apps for Health Kids. http://www. appsforhealthykids.com/#about.

Atkinson, Gail M. and David J. Wald. 2007. "'Did You Feel It?' Intensity Data: A Surprisingly Good Measure of Earthquake Ground Motion." *Seismological Research Letters*, Vol.78, No 3, pp.362~368.

Benkler, Yochai. 2006. *The Wealth of Networks: How Social Production Transforms Markets and Freedom*. New Haven, CT: Yale University Press.

Boudreau, Kevin J. and Karim R. Lakhani. 2009. "How to Manage Outside Innovation." *MIT Sloan Management Review*, Vol.50, No.4, pp.69~76.

Brabham, Daren C. 2007. "Faces in the Crowd: Brett Snider." Crowdsourcdng: Tracking the Rise of the Amateur(blog). http://crowdsourcing.typepad.com/ cs/2007/03/face_in_the_cr.html

_____. 2008a. "Crowdsourcing as a Model for Problem Solving: An Introduction and Cases." *Convergence: The International Journal of Research into New Media Technologies*, Vol.14, No.1, pp.75~90.

_____. 2008b. "Moving the Crowd at iStockphoto: The Composition of the Crowd and Motivations for Participation in a Crowdsourcing Application." *First Monday*, Vol.13. http://firstmonday.org/htbin/cgiwrap/bin/ojs/index.php/fm/ article/view/2159/1969.

_____. 2009. "Crowdsourcing the Public Participation Process for planning projects." *Planning Theory*, Vol.8, No.3, pp.242~262.

_____. 2010. "Moving the Crowd at Threadless: Motivations for Participation in a Crowdsourcing Application." *Information Communication and Society*, Vol.13, No.8, pp.1122~1145.

_____. 2012a. "Crowdsourcing: A Model for Leveraging Online Communities." In Aaron Delwiche and Jennifer Jacobs Henderson(eds.). *The Participatory Cultures Handbook*, pp.120~129. NewYork: Routledge.

_____. 2012b. "Motivations for Participation in a Crowdsourcing Application to Improve Public Engagement in Transit Planning." *Journal of Applied Communication Reasearch*, Vol.40, No.3, pp.307~328.

_____. 2012c. "The Myth of Amateur Crowds: A Critical Discourse Analysis of Crowdsourcing Coverage." *Information Communication and Society*, Vol.15, No.3, pp.393~410.

Brito, Jerry. 2008. "Hack, Mash, and Peer: Crowdsourcing Government Transparency." *Columbia Science and Technology Law Review*, Vol.9, pp.119~157.

Campbell, Lisa. 2009. "Democracy: Crowdrourcing, Mashups, and Social Change." http://www.mobilerevlutions.org/Dotmocracy.pdf.

Eagle, N 2009. "Txteagle: Mobile Crowdsourcing." *Lecture Notes in Computer Science*, Vol.5623, pp.447~456.

Frey, Karsten, Christian Lüthje and Simon Haag. 2011. "Whom Should Firms Attract to Open Innovation Platforms? The Role of Knowledge Diversity and Motivation." *Long Range Planning*, Vol.44, pp.397~420.

Fritz, Steffen et al. 2009. "Geo.Wiki.org: The Use of Crowdsourcing to Improve Global Land Cover." *Remote Sensing*, Vol.1, No.3, pp.345~354.

Gegenhuber, Thomas and Marko Hrelja. 2012. "Broadcast Search in Innovation Contests: Case fo Hybrid Models." In Thomas W. Malone and Luis von Ahn(eds.). *Collective Intelligence 2012: Proceedings*. Cambridge, MA: eprint arXiv:1204.2991. http://arxiv.org/ftp/arxiv/papers/1204/1204.3343.pdf.

Ipeirotis, panagiotis G., Foster provost and Jing Wang. 2010. "Quality Management on Amazon Mechanical Turk." In Raman Chandrasekar et al.(eds). *Proceedings of the ACM SIGKDD Workshop on Human Computation*. New York: Association for Computing Machinery, pp.64~67.

Kamensky, John. 2009. "Using Crowdsourcing in Government." IBM Center for the Business of Government Blog. http://bizgov.wordpress.com/2009/09/16/using-crowdsoucing-in-government.

Kaufmann, Nicolas, Thimo Schulze and Daniel Veit. 2011. "More Than Fun and Money: Worker Motivation in Crowdsourcing — A Study on Mechanical Turk." In *Proceedings of the seventeenth Americas Conference on Information Systems*, paper 340, Berkeley, CA: Digital Commons, Berkeley Electronic Press. http://aisel.aisnet.org/amcis2011_submissions/340.

Kessler, Sarah. 2011. "Crowdsourcing Helps Holocaust Survivors Find Answers." Mash-able(blog). http://mashable.com/2011/05/23/holocaust-museum-crowdsourcing.

Kleeman, F., G. G. Voss and K. Rieder. 2008. "Un(der)paid Innovators: The Commercial Utilization of Consumer Work through Crowdsourcing." *Science, Technology and Innovation Studies*, Vol.4. No.1, pp.5~26.

Lakhani, Karim R. 2008. *InnoCentive.com(A). Harvard Business School Case*. Cambridge, MA: Harvard Business School.

Lakhani, Karim R. and Zahra Kanji. 2008. *Threadless: The Business of Community. Harvard Business School Multimedia/Video Case*. Cambridge, MA: Harvard Business School.

Lakhani, Karim R. and Jill A. Panetta. 2007. "The Principles of Distributed Innovation." *Innovations: Technology, Governance, Globalization*, Vol.2, No.3, pp.97~112.

La Vecchia, Gioacchino and Antonio Cisternino. 2010. Collaborative Workforce, Business Process Crowdsourcing as an Alternative of BPO. *Lecture Notes in Computer Science*, Vol.6385, pp.425~430.

Lips, M. and A. Rapson. 2010. Exploring Public Recordkeeping Behaviors in Wiki-Supported Public Consultation Activities in the New Zealand public Sector. In R. H. Sprague Jr.(ed.). *Proceedings of the Forty-third Hawaii International Conference on System Sciences*. CA: IEEE Computer Society.

Messina. Michael Joseph. 2012. "Crowdsourcing for Transit-Oriented Planning Projects: A Case Study of 'inTeractive Somerville.'" MA thesis, Tufts University, Medford, MA.

Muthukumaraswamy, Karthika. 2010. "When the Media Meet Crowds of Wisdom: How Journalists Are Tapping into Audience Expertise and Manpower for the Processes of Newsgathering." *Journalism Practice*, Vol.4, No.1, pp.48~65.

Noveck, Beth Simone. 2006. "'Peer to Patent': Collective Intelligence, Open Review, and Patent Refom." *Harvard Journal of Law and Technology*, Vol.20, No.1, pp.123~262.

_____. 2009. *Wiki Government: How Technology Can Make Government Better.*

Democracy Stronger, and Citizens More Powerful. Washington, DC: Brookings Institution Press.

Okolloh, O. 2009. "Ushahidi, or 'Testimony': Web 2.0 Tools for Crowdsourcing Crisis Infomation." *Participatory Leaning and Action*, Vol.59, No.1, pp.65~70.

Piyathasanan, Bhuminan et al. 2011. "Social Identity and Motivation for Creative Crowsourcing and Their Influence on Value Creation for the Firm." In Martin MacCarthy et al(eds.). *Australia New Zealand Marketing Academy Conference 2011 Proceedings*. Perth, Australia: Edith Cowan University. http://anzmac. org/conference/2011/Paper%20by%20Presenting%20Author/Piyathasana, %20Bhuminan%20Paper%20277.pdF.

Powazek, Derek. 2007. "Exploring the Dark Side of Crowdsourcing." *Wired*, July 11. http://www.wired.com/techbiz/media/news/2007/07/tricksters.

Siddique, Haroon. 2011. "Mob Rule: Iceland Crowdsources Its Next Constitution: Country Recovering from Collapse of Its Banks and Government Is Using Social Media to Get Citizens to Share Their Ideas." *The Guardian*, June 9. http://www.guardian.co.uk/world.2011/jun/09/iceland-crowsourcing-constistution-facebook?CMP=twt_gu.

Stewart, Osamuyimen, Juan M. Huerta and Melissa Sader. 2009. "Designing Crowdsourcing Community for the Enterprise." In Paul Bennett et al.(eds.). *Proceedings of the ACM SIGKDD Workshop on Human Computation*, pp.50~53. New York: Association for Computing Machinery.

Tang. John C. et al. 2011. "Reflecting on the DARPA Red Balloon Challenge." *Communications of the ACM*, Vol.54, No.4, pp.78~85.

Trompette, P., V. Chanal and C. Pelissier. 2008. "Crowdsourcing as a Way to Access External Knowledge for Innovation: Control, Incentive and Coordination in Hybrid Forms of Innovation." In Twenty-fourth EGOS Colloquium. Amsterdam.

Urquhart, Emily S. 2012. "Listening to the Crowd: A Content Analysis of Social Media Chatter about a Crowdsourcing Contest." BA honors thesis, Univesity of North Carolina, Chapel Hill, NC.

Vukovic, Maja and Claudio Bartolini. 2010. "Towards a Research Agenda for Enterprise Crowdsourcing." *Lecture Notes in Computer Science*, Vol.6415, pp.425~434.

Vukovic, Maja. Jim Laredo and Sriram Rajagopal. 2010. "Challenges and Experiences in Deploying Enterprise Crowdsourdng Service." *Lecture Notes in Computer Science*, Vol.6189, pp.460~467.

지은이

대런 브래범(Daren C. Brabham)

USC 조교수.
크라우드소싱이라는 키워드를 사용해 최초의 리서치를 진행했다. 홍보와
뉴미디어를 강의하고 있으며 ≪전략적 커뮤니케이션 사례연구(Case Studies
in Strategic Communication)≫ 저널을 창간해 에디터로 일하고 있다. 미국
연방정부 기관, IBM, 캐나다 정부의 기금으로 크라우드소싱에 대한 연구
활동을 지속하고 있다.

옮긴이

이경호

고려대학교 정보보호대학원, 정보보호학부 사이버국방학과 교수. 정보전
산처장.
삼성그룹과 네이버에서 근무한 후에 고려대학교에서 위험관리를 강의하고
있다. 기술과 법을 아우르는 관점에서 사이버공간의 리스크를 관리해낼 수
있는 사회적 기반에 대한 원리 및 체계 수립에 관심을 가지고 연구와 교육
에 매진하고 있다. 최근에는 인공지능을 이용한 사기, 돈세탁 등의 사이버
범죄 탐지와 사이버전에서의 지능형 지휘체계의 설계 분야로 영역을 확대
하고 있다.

MIT 지식 스펙트럼

크라우드소싱

지은이 **대런 브래범** ｜ 옮긴이 **이경호** ｜ 펴낸이 **김종수** ｜ 펴낸곳 **한울엠플러스(주)** ｜ 편집 **조인순**

초판 1쇄 인쇄 **2018년 5월 21일** ｜ 초판 1쇄 발행 **2018년 5월 25일**

주소 **10881 경기도 파주시 광인사길 153 한울시소빌딩 3층**
전화 **031-955-0655** ｜ 팩스 **031-955-0656**
홈페이지 **www.hanulmplus.kr** ｜ 등록번호 **제406-2015-000143호**

Printed in Korea.
ISBN 978-89-460-6414-0 03320 (양장)
　　　978-89-460-6415-7 03320 (반양장)
* 책값은 겉표지에 표시되어 있습니다.